ortografía práctica de la lengua española

Juan Luis Fuentes

BIBLIOGRAFICA INTERNACIONAL

25ª EDICION

• **ORTOGRAFIA PRACTICA**

Edición especial para:

BIBLIOGRAFICA INTERNACIONAL S.A.

Autor:
JUAN LUIS FUENTES DE LA CORTE

• Doctor en Filosofía y Letras
por la Universidad de Santo Tomás de Roma

• I.S.B.N.: 956-7240-14-0
• Coordinación de Producción:
Mirta Cancino Arellano
• Diseño y Diagramación:
Manuel de la Maza
• Composición: Versión

• Impreso por:
printer colombiana s.a.
Impreso en Colombia - Printed in Colombia

Presentación

El aprendizaje de la ortografía es un continuo problema tanto para los alumnos como para los que nos dedicamos a inculcar ese aprendizaje. El uso correcto de los signos gráficos encierra dificultades intrínsecas y, por tanto, es conveniente utilizar todos los recursos didácticos disponibles para conseguir que el estudiante alcance un dominio adecuado de la corrección ortográfica.

Ante todo, es importante motivar sobre la importancia de la utilización de la escritura con ortografía correcta. Un ciudadano es medido positiva o negativamente según sepa escribir con corrección. Es más, en muchos casos, las primeras valoraciones para acceder a un puesto de trabajo se cifran en observar la ortografía del candidato.

La sociedad descalifica a un individuo que comete faltas de ortografía en un escrito y ya no le interesa saber si este sujeto es culto, está preparado profesionalmente o tiene algo interesante que decir; ha quedado marginado simplemente porque comete faltas de ortografía. Tiene, pues, una gran importancia social la corrección ortográfica, pero ¿cómo conseguirla?

Es un aprendizaje lento y paciente. Consiste en hacer pequeñas prácticas continuas de diversos ejercicios como se van sugiriendo en este libro. Las actividades que este Manual presenta son para que se analicen las frases antes de copiarlas y antes de ejercitar un dictado, pero, sobre todo, es interesante volver a repetir el ejercicio en otras ocasiones posteriores y comparar los errores para observar los progresos. Por ello, se van presentando capítulos de evaluación cada varios temas para que sirvan de recapitulación y de repaso sobre todo lo trabajado anteriormente.

Otro camino muy interesante para ayudar a adquirir el dominio en la corrección ortográfica es la frecuente lectura. Por lo general, un individuo que lee bastante y frecuentemente, ha adquirido una memoria fotográfica de la grafía de las palabras y cuando debe escribirlas lo hace correctamente de una forma espontánea. Por ello, además de hacer los ejercicios que se ofrecen sistemáticamente en este Manual, resultará muy útil adquirir un hábito de lectura. Ni qué decir tiene que el hábito de lectura, además de ser interesante para la corrección ortográfica, es utilísimo para ser una persona culta y formada intelectualmente.

Vivimos en un mundo moderno en el que la cultura, la civilización, el progreso y el pensamiento se siguen transmitiendo principalmente a través de los libros. El libro nos abre la mente, nos hace pensar y nos trae ideas nuevas. Con los libros aprendemos a tener juicios críticos, nos ayudan a valorar las cosas por nosotros mismos, poniendo en crisis cualquier opinión que se presente como imperturbable e inamovible; en definitiva, el libro nos ayuda a ser personas en su auténtica dimensión intelectual de ser racional libre.

Juan Luis Fuentes

TEMA 1

La sílaba. Las vocales en la sílaba.
Las consonantes en la sílaba.

LA SÍLABA

Los **sonidos**, soporte de la lengua hablada, son representados, en la lengua escrita, por las **letras**.

Las **letras** son, por lo tanto, la representación gráfica de los sonidos.

La **sílaba** es el sonido o conjunto de sonidos que se pronuncian en cada una de las emisiones de voz. Los sonidos que se emiten no son independientes entre sí, sino que se combinan unos con otros.

di-fí-cil-men-te-po-dre-mos-con-tár-se-lo.

Los sonidos del español pueden ser vocálicos o consonánticos.

Las sílabas pueden constar de una sola vocal, pero no de una sola consonante. Las consonantes han de estar acompañadas de una vocal o de varias (diptongo, triptongo) para poder constituir una sílaba.

Por lo tanto, el elemento fundamental, ya que es el núcleo de una sílaba, es siempre una vocal, diptongo o triptongo, que puede aparecer solo o acompañado de una o varias consonantes.

a-griéis; o-tra; a-gua; ai-re; a-mor-ti-güéis.

LAS VOCALES EN LA SÍLABA

Existen dos clases de vocales: débiles **(i, u)** y fuertes **(a, e, o)**.

El **diptongo** consiste en la unión de dos vocales en una sola sílaba, una de ellas débil **(i, u)** y la otra fuerte **(a, e, o)**, o ambas débiles. Si una de las vocales débiles es la tónica, no hay diptongo, sino **hiato**.

*jau-**rí**-a; **pai**-sa-je; pe-**rí**-o-do; de-**cí**-a.*

El **triptongo** es la unión de tres vocales en una sílaba; de estas vocales la primera y la tercera son débiles y la segunda fuerte.

*ex-pa-tr**iéis**; a-gr**iáis**.*

Cuando dos vocales fuertes se encuentran juntas, pero pertenecen a sílabas distintas (no forman diptongo), nos encontramos ante el fenómeno denominado **hiato**.

ca-er; hé-ro-e; le-al; a-é-re-o; al-ba-ha-ca.

LAS CONSONANTES EN LA SÍLABA

En la agrupación silábica de las consonantes hay que tener en cuenta las siguientes situaciones:

1ª Una consonante entre dos vocales se agrupa con la segunda sílaba.

*lá-**p**iz; so-**n**i-**d**o; a-**g**u-**j**e-**r**o; ca-**p**i-**t**al.*

2ª Dos consonantes entre vocales: una va con la sílaba anterior y otra con la siguiente, excepto los grupos **pr**, **pl**, **br**, **bl**, **fr**, **fl**, **tr**, **dr**, **cr**, **cl**, **gr**, **gl**.

*gi**m**-**n**a-sia; ca**l**-**m**a; ta**m**-**b**ién; vie**r**-**t**e.*

3ª Si la segunda consonante es **l** o **r** y forma parte de uno de los grupos **pr**, **pl**, **br**, **bl**, **fr**, **fl**, **tr**, **dr**, **cr**, **cl**, **gr** o **gl**, ambas van con la vocal que les sigue.

*re-**cl**a-mar; re-**fr**es-co; ha-**bl**ar; po-**dr**é.*

4ª Tres consonantes. Las dos primeras van con la vocal anterior y la tercera con la siguiente vocal.

*co**ns**-**t**ar; co**ns**-**p**i-rar; i**ns**-**t**i-tu-to; i**ns**-**p**i-rar*

5ª Si la tercera consonante es **l** o **r** y forma parte de uno de los grupos arriba señalados, atrae a la segunda al grupo consonántico, que deben formar juntas.

*e**n**-**tr**e-gar; co**n**-**tr**a-tar; ro**s**-**tr**o; de**s**-**pr**e-ciar.*

6ª Cuatro consonantes se reparten dos para cada vocal.

*i**ns**-**tr**uir; o**bs**-**tr**uc-ción; tra**ns**-**gr**e-sión.*

7ª En los compuestos formados por dos palabras o por la unión de un prefijo, es conveniente y aconsejable separar las sílabas teniendo en cuenta la separación de los dos componentes. También se puede aplicar la regla normal de separación de sílabas.

in-u-sual; mal-es-tar; pre-e-mi-nen-te.

8ª Nunca deben separarse la **rr** y la **ll**, porque representan un único sonido.

*ce-**rr**o; ra-**ll**ar; ca-**ll**a-do; pe-**rr**e-ra; ca-**rr**e-te.*

EJERCICIOS PRÁCTICOS

Prepare un cuaderno para realizar en él todas las actividades que le vayamos sugiriendo en los diferentes temas.

• 1.1. Subraye las vocales débiles que hay en cada palabra.

cine	*luz*	*piraña*	*purpurina*	*turista*
libro	*luna*	*silla*	*isla*	*listo*
dibujo	*cantidad*	*rápido*	*lápiz*	*rejilla*
décimo	*culpable*	*pito*	*dinero*	*lujo*

• 1.2. Subraye los diptongos que hay en las siguientes palabras.

puerta	*colegio*	*cuento*	*muerta*	*siempre*
guajiros	*aireado*	*radio*	*puente*	*radiar*
nieves	*puerto*	*rueda*	*irradia*	*hacia*
cuaderno	*tiene*	*ciudad*	*enjaular*	*baile*

• 1.3. Subraye los hiatos que pueda haber en las siguientes palabras.

línea	*baila*	*aireado*	*balancear*	*octaedro*
careo	*leal*	*aeroplano*	*caótico*	*faraón*
grajea	*ojear*	*caer*	*canjea*	*pigmeo*
peina	*aéreo*	*geometría*	*héroe*	*agujerear*

• 1.4. Separe las sílabas de cada palabra.

carretera	*calma*	*descorrer*	*comba*	*cuaderno*
cenicero	*encerrar*	*cuento*	*despejar*	*mármol*
actor	*doctrina*	*ultimar*	*blanda*	*portero*
portal	*cristales*	*recto*	*embarcar*	*cortina*

• 1.5. Separe las sílabas de cada palabra y fíjese bien en la distribución de las consonantes en cada sílaba.

observante	*diccionario*	*obstáculo*	*complacer*	*acción*
cumplido	*transparente*	*multiplicar*	*completo*	*agricultura*
subrayado	*librar*	*transcribir*	*lección*	*teclado*
lámpara	*encumbrar*	*deshecho*	*ultramar*	*alfombra*

• 1.6. Separe las sílabas de las siguientes palabras compuestas.

anteayer	*bisabuelo*	*sobrehilar*	*inadvertido*	*adherir*
desasistir	*antiaéreo*	*exonerar*	*desatender*	*malestar*
subalterno	*portaaviones*	*entreacto*	*sobrealimentar*	*desasir*
contraorden	*inaccesible*	*enhorabuena*	*bienhechor*	*subacuático*

TEMA 2

Sílabas tónicas.

SÍLABAS TÓNICAS

No todas las sílabas se pronuncian con la misma intensidad de voz. La mayor intensidad de pronunciación de determinada sílaba, en una palabra, se denomina **acento**.

Esa mayor fuerza de pronunciación sobre una sílaba, no siempre representada gráficamente, se llama **acento fonético**. Cuando sí se representa, se conoce como **acento ortográfico** o **tilde**.

La sílaba que soporta la intensidad de voz se llama **sílaba tónica**, y a las restantes sílabas de la palabra se las conoce como **sílabas átonas**.

Cada palabra sólo tiene una sílaba tónica.

*esco**pe**ta*	*ca**mi**sa*	*ba**ró**metro*
***már**mol*	*serie**dad***	*ca**rác**ter*

Según el lugar que ocupe la sílaba tónica, las palabras se clasifican en:

- **Agudas**: la sílaba tónica es la última.

*co**mer***	*su**til***	*ca**fé***
*can**dor***	*si**llón***	*pa**red***

- **Llanas** o **graves**: la sílaba tónica es la penúltima.

***dul**ce*	***dé**bil*	***jo**ven*
***lá**piz*	***me**sa*	***ár**bol*

- **Esdrújulas**: la sílaba tónica es la antepenúltima.

***pá**gina*	*gra**má**tica*	***mé**dico*
*ma**rí**timo*	*te**lé**fono*	***gé**nero*

- **Sobreesdrújulas**: es la anterior a la antepenúltima.

*re**pí**tamelo*	***llé**vatelo*	*ex**plí**canoslo*
***bé**betelo*	***há**gaselo*	***vén**daselo*

En los próximos temas veremos las reglas de acentuación para el uso de la tilde en las diferentes palabras.

EJERCICIOS PRÁCTICOS

• 2.1. Subraye la sílaba tónica de las siguientes palabras.

juzgar	*oración*	*ladrón*	*marfil*	*marqués*
amaré	*alemán*	*cantar*	*bambú*	*senil*

• 2.2. Subraye la sílaba tónica de estas palabras.

débil	*cóndor*	*poema*	*ropaje*	*tuerca*
canario	*vuelo*	*árbol*	*italiano*	*caracteres*

• 2.3. Subraye la sílaba tónica de las siguientes palabras.

pelícano	*bárbara*	*médico*	*lámina*	*úlcera*
víctima	*látigo*	*época*	*cántaro*	*húmedo*

• 2.4. Ahora tiene mezcladas palabras agudas, llanas, esdrújulas y sobreesdrújulas; subraye la sílaba tónica de cada una.

cárcel	*caudaloso*	*paisaje*	*fósil*	*balneario*
jamás	*alcázar*	*cardinal*	*rojizo*	*tirar*
acá	*allá*	*águila*	*revés*	*cónsul*
cáñamo	*método*	*huracán*	*bálsamo*	*compás*

• 2.5. Confeccione una relación de todas las palabras agudas que han aparecido en la relación anterior.

• 2.6. Subraye la sílaba tónica de cada una de las siguientes palabras.

tarea	*cordero*	*enrejado*	*medicina*	*mármol*
cuaderno	*reptil*	*martes*	*inventario*	*tiempo*
autobús	*avaricia*	*mareo*	*móvil*	*colegio*
mástil	*compás*	*fértil*	*techumbre*	*correos*
lápiz	*héroe*	*útil*	*puentear*	*trapecista*

• 2.7. Copie las siguientes palabras y anote junto a cada una si es *aguda*, *llana*, *esdrújula* o *sobreesdrújula*, según corresponda.

aceite	*rubor*	*periódico*	*mareo*	*sencilla*
índice	*volumen*	*estudiar*	*proporcional*	*veloz*
detrás	*ámbar*	*católico*	*miércoles*	*estarán*

TEMA 3

La acentuación: Las palabras agudas. Las palabras graves o llanas. Las esdrújulas y sobreesdrújulas.

LA ACENTUACIÓN

LAS PALABRAS AGUDAS

Las palabras agudas son aquellas que llevan la intensidad de voz en la última sílaba.

candor	*pretil*	*contó*
común	*Moscú*	*París*

Las palabras agudas llevan **tilde**:

- Si terminan en vocal.

papá	*amó*	*temió*
rubí	*bongó*	*marroquí*
Perú	*sofá*	*café*

- Si finalizan en las consonantes **n** o **s**.

vendrán	*llegarán*	*escocés*
tesón	*través*	*según*
alemán	*sillón*	*bombón*
traición	*ciempiés*	*limpiéis*

- Sin embargo, si una palabra aguda terminada en **n** o **s** va precedida de otra consonante, no llevará tilde, a no ser que fuese precisamente otra **n** o **s**, como Orleáns.

Casals	*Isacs*	*Isern*

- No llevan acento ortográfico las palabras agudas terminadas en **y**.

convoy	*Paraguay*	*Maracay*

LAS PALABRAS GRAVES O LLANAS

Las palabras **graves** o **llanas** son las que llevan el acento de intensidad en la penúltima sílaba.

libro	*mástil*	*cacerola*
álbum	*maceta*	*césped*

Las palabras *llanas* llevan **tilde**:

- Cuando acaban en consonante que no sea **n** o **s**.

mártir	*árbol*	*Velázquez*
lápiz	*huésped*	*inútil*

- Cuando finalizan en dos vocales, si la primera es débil y sobre ella recae la intensidad tonal, aunque vayan seguidas de **n** o **s**.

mío	*acentúan*	*hablaría*
ría	*gentío*	*serías*

- Cuando terminan en vocal débil con tilde, si, además, van seguidas de diptongo y la letra **s**.

corríais	*habíais*	*hablaríais*

- Se acentúan, en algunos casos, las palabras llanas acabadas en **n** o **s**, cuando esta letra va precedida de otra consonante, a no ser que sea precisamente **n** o **s**, como Rubens.

bíceps	*fórceps*	*tríceps*

LAS ESDRÚJULAS Y SOBREESDRÚJULAS

- Las palabras esdrújulas se escriben todas con tilde.

pájaro	*mamífero*	*cápsula*
décimo	*electrónica*	*lápices*

- Todas las palabras sobreesdrújulas, sin excepción, llevan tilde.

cómpremelo	*dígaselo*	*demuéstramelo*

EJERCICIOS PRÁCTICOS

- 3.1. Seleccione las palabras agudas que encuentre en los ejemplos siguientes.

jarrón	*carbón*	*área*	*jardín*
compás	*dúo*	*ataúd*	*principal*
caracteres	*rodar*	*aún*	*préstamo*
sutil	*cortés*	*detrás*	*barril*
mártir	*cráter*	*feliz*	*jamás*
inglés	*papá*	*caseta*	*rodear*

- 3.2. Redacte una frase muy corta y sencilla con cada una de las palabras que ha seleccionado del ejercicio anterior, como por ejemplo:

jarrón de porcelana	*hizo una sutil insinuación*
dibujo del compás	*llegó un barco inglés*

- 3.3. Confeccione una relación de las palabras llanas o graves que encuentre en el siguiente conjunto de vocablos.

socio	*dócil*	*examen*	*escuchar*
mástil	*ahumado*	*cartero*	*hábil*
sílaba	*tarea*	*recibir*	*dibujo*

bicicleta	*exámenes*	*útil*	*elástico*
virgen	*fútbol*	*terrícola*	*correa*
candor	*reacio*	*cóndor*	*asolado*

- 3.4. Redacte una frase sencilla con cada una de las palabras llanas que ha seleccionado del ejercicio anterior. Deben ser frases cortas, como éstas:

me regaló una bicicleta
esta virgen es milagrosa
el mástil del barco

- 3.5. Compruebe la corrección ortográfica de las frases que ha redactado.

- 3.6. Escriba una relación de las palabras esdrújulas y sobreesdrújulas que encuentre en la siguiente relación.

cuéntamelo	*carpeta*	*bolígrafo*	*esdrújula*
roedor	*capítulo*	*miércoles*	*aéreo*
índice	*elástico*	*corregir*	*entregárselo*
amarillo	*lámpara*	*áureo*	*rómpetelo*
tímpano	*tintero*	*telepatía*	*máquina*
kilómetro	*feísimo*	*pídeselo*	*jugador*

- 3.7. Anote una frase corta con cada una de las palabras esdrújulas de la relación que ha confeccionado.

- 3.8. Escriba una frase corta con las palabras sobreesdrújulas de la relación que hizo anteriormente.

- 3.9. Copie de nuevo las siguientes palabras y coloque la tilde en las que deban llevarla.

alcohol	*cantaro*	*japones*	*escoces*
polvora	*vendrian*	*decimo*	*tabaco*
pesado	*petaca*	*medula*	*escucharia*
estaria	*oracion*	*podrias*	*timon*
camisa	*pretil*	*etiope*	*marmol*
perito	*oseo*	*celofan*	*marroqui*
martes	*tactil*	*sabado*	*conmigo*
rubi	*algun*	*irlandes*	*teson*
huerfano	*ingles*	*colibri*	*oviparo*

FRASES DE DICTADO

Ejercicio 1

— Encontré algún aguacate en el árbol.
— El martes iremos a ver el rubí.
— Fue hábil cuando reparó la máquina.
— Vino un japonés vendiendo una lámpara.
— El sábado vendrán conmigo a los exámenes.

— Vino el irlandés a reparar el timón.
— Sólo el décimo cartucho contendrá pólvora.
— Mi socio aún no ha llegado del Perú.
— Devuélveselo, porque es un elástico feísimo.
— Observé el vuelo aéreo del colibrí.

Ejercicio 2

— Se asomó al pretil del pozo.
— Compré papel de celofán.
— Será útil para entregárselo allí.
— Podrías resumir este capítulo.
— Colocó la lámpara en el mástil.
— No cortó el césped del jardín.
— Aún no llegó el mármol alemán.
— El etíope trabajó con tesón.
— El cóndor había volado veloz.
— Su papá jamás usó el compás.

TEMA 4

Acentuación de diptongos y triptongos.

ACENTUACIÓN DE DIPTONGOS Y TRIPTONGOS

El diptongo se produce cuando se une una vocal fuerte o abierta **(a, e, o)** con una débil o cerrada **(i, u)**, o dos cerradas distintas; también la **y**, siempre que se encuentre al final de la misma sílaba.

a { i = **ai**: *aire*; u = **au**: *laurel*; y = **ay**: *hay*

e { i = **ei**: *peine*; u = **eu**: *reunir*; y = **ey**: *rey*

o { i = **oi**: *sois*; u = **ou**: *bou*; y = **oy**: *hoy*

i { a = **ia**: *hacia*; e = **ie**: *tiene*; o = **io**: *odio*; u = **iu**: *triunfo*

u { a = **ua**: *guarda*; e = **ue**: *muerto*; i = **ui**: *ruido*; o = **uo**: *atestiguo*; y = **uy**: *muy*

Si la sílaba tónica tiene un diptongo, el acento ortográfico o tilde se coloca:

- Sobre la vocal más abierta, siguiendo las reglas generales de acentuación.

coméis	*archipiélago*	*amáis*
también	*vuélvase*	*cuáquero*

- Sobre la última, si las dos vocales son débiles; con la excepción de las palabras llanas como huida, fluido, ruido, etc.

cuídate	*sustituí*	*construí*

Por consiguiente, llevará tilde *cuídate*, como esdrújula, y *sustituí*, como aguda finalizada en vocal; pero no se pondrá tilde en vocales llanas como *huida*, *fluido*, etc., porque la Real Academia considera que el grupo **ui** *forma siempre diptongo* y sólo se acentúa cuando lo exijan las normas generales.

- Las vocales débiles acentuadas rompen el diptongo y se separan en dos sílabas que están en **hiato**.

vacío	*hacía*	*capicúa*	*ataúd*
continúo	*raíz*	*baúl*	*ganzúa*

- No se colocará tilde sobre los diptongos en los monosílabos verbales.

dio	*fui*	*fue*	*vio*

- En el triptongo, si aparece en sílaba tónica, la vocal que lleva tilde es la sílaba intermedia.

espiéis *ampliéis* *asociéis*

EJERCICIOS PRÁCTICOS

- 4.1. Subraye los diptongos de las siguientes palabras.

nuevo	*alguien*	*averigua*	*sabio*
reflexionar	*abreviar*	*nervio*	*magisterio*
asfixia	*avaricia*	*aceite*	*abundancia*
lluvia	*acción*	*abuelo*	*novio*
bailar	*siervo*	*alubia*	*mobiliario*
nieve	*magia*	*adverbio*	*prueba*

- 4.2. Anote las siguientes palabras y colóqueles la tilde.

raiz	*hidraulica*	*desaparecio*	*copieis*
averia	*rehen*	*tuberia*	*leon*
complexion	*ganzua*	*acuatico*	*oseo*
poetico	*avion*	*geografia*	*grandullon*
herculeo	*aereo*	*tranvia*	*ebanisteria*
cuidese	*herejia*	*periodico*	*decidase*

- 4.3. Construya una frase corta y sencilla con cada una de las palabras a las que les haya puesto tilde. Por ejemplo:

saqué la planta de raíz

- 4.4. Busque las palabras que admitan acento ortográfico, anótelas y colóqueles la tilde.

invierno	*navio*	*vendimia*	*ambicion*
siquiatria	*renovacion*	*banderin*	*rigido*
vicio	*higienico*	*todavia*	*aviacion*
filosofo	*viaje*	*avion*	*supersticioso*
voltio	*arabe*	*dadiva*	*sugestionar*
capellania	*violeta*	*jamas*	*desvio*
sacrilegio	*mayoria*	*suburbio*	*caballeria*
lejia	*selvatico*	*devocion*	*sirviente*

- 4.5. Redacte una frase corta con cada una de las palabras que ha seleccionado porque llevan tilde.

FRASES DE DICTADO

Ejercicio 1

— Todavía será posible la renovación.
— Visitaré el archipiélago.
— ¿Cuántas manzanas hay ahí?
— Encontró un animal selvático de débil complexión.
— El ladrón utilizaría una ganzúa.
— Profesa gran devoción por la siquiatría.
— Coméis hoy muy deprisa.
— También hacía ejercicios poéticos.
— Cuídate del frío invernal.
— Será frágil para el medio acuático.

Ejercicio 2

— Se quedó huérfano recientemente.
— Sacó un rehén del periódico.
— Tenemos de huésped a un árabe.
— Hará un desvío mientras lo averigua.
— Llevaré este baúl en el viaje.
— Deseo que copiéis esa sílaba.
— Después de asearse salió al salón.
— Todavía no voy hacia el mar.
— Desapareció de la fábrica de ebanistería.
— El grandullón tendrá una indigestión.

TEMA 5

Actividades de evaluación parcial. Número 1.

ACTIVIDADES DE EVALUACIÓN PARCIAL. Número 1.

• 5.1. Separe las sílabas de las siguientes palabras.

cintura	*carne*	*enjuto*	*monje*
cantante	*abriría*	*cuidado*	*cuarenta*
montaña	*humildad*	*veinte*	*escopeta*
campista	*lisiado*	*cuidado*	*madrugar*
audición	*sitio*	*complexión*	*monumento*

• 5.2. Subraye los diptongos que encuentre en las siguientes palabras y evite confundirlos con los hiatos.

sientes	*caries*	*suave*	*granja*
cuarto	*autoridad*	*viene*	*sueño*
ciudad	*aeroplano*	*airear*	*leo*
héroe	*rueda*	*caer*	*dientes*
mientras	*individuo*	*cuidado*	*sueño*
julio	*dalia*	*viudo*	*cuento*

• 5.3. Separe las sílabas de cada palabra del ejercicio anterior.

• 5.4. Separe las sílabas de las palabras siguientes y tenga en cuenta la distribución de consonantes y la formación de palabras compuestas.

construido	*complemento*	*subacuático*	*transmisión*
supersticioso	*interoceánico*	*obstrucción*	*contraorden*
complaciente	*subdivisión*	*sobrehilado*	*ómnibus*
transformar	*alfombrado*	*conspirar*	*interrupción*
perseverar	*exonerado*	*somnífero*	*obstruir*

• 5.5. Copie de nuevo las palabras del ejercicio anterior y subraye la sílaba tónica en cada una de ellas.

• 5.6. Confeccione una relación de todas las palabras llanas que ha encontrado en el ejercicio anterior.

• 5.7. Anote las siguientes palabras y especifique cuáles son *agudas*, *llanas*, *esdrújulas* o *sobreesdrújulas*.

piedra	*hacías*	*ángel*	*volvíais*

estaría	*frágil*	*partirá*	*embajador*
cóndor	*préstamo*	*párvulo*	*traje*
cortó	*hacen*	*romperían*	*árabe*
automóvil	*mándemelo*	*capitán*	*análisis*
arriba	*cerrados*	*cráter*	*cabríamos*
hábil	*maletín*	*disimuló*	*corazón*
jabalí	*rosal*	*devuélveselo*	*bambú*

• 5.8. Escriba las siguientes palabras y coloque la tilde a las que necesiten llevarla.

tambor	*pared*	*aritmetica*	*rustico*
pajaro	*escritor*	*balon*	*conyuge*
azucar	*aromatico*	*estorbarias*	*criticon*
pictorico	*reloj*	*debil*	*principal*
hablaria	*album*	*rapido*	*cabian*
anoteseme	*musica*	*enviarian*	*candido*

• 5.9. Copie las siguientes frases en el cuaderno y ponga atención en la tilde para recordar su ortografía correcta.

— Se llevarán rápidamente el ataúd.
— Escribiré los exámenes con bolígrafo.
— Un relámpago brilló a través del cristal.
— Llegó una sutil brisa marina.
— Me rompió el tímpano con el tambor.
— Hallé un barril de pólvora.
— Jamás escucharía esa música.
— Detrás de la colina estará Medellín.
— Se acercó al cráter del volcán.
— Compró carbón con un préstamo.

• 5.10. Coloque la tilde a las palabras que la necesiten y ponga atención en la acentuación de diptongos o hiatos.

navio	*correria*	*vuelvase*	*desafio*
tranvia	*maiz*	*pasteleria*	*higienico*
corrian	*aficion*	*reunio*	*capicua*
baul	*averia*	*hincapie*	*minoria*
caligrafia	*diocesis*	*volveria*	*asocieis*
camion	*mayoria*	*periodico*	*todavia*

• 5.11. Anote las siguientes frases en su cuaderno y preste atención a las palabras que llevan tilde, para no olvidar su ortografía.

— Mostró gran afición a la poesía.
— Encontré un baúl lleno de porquería.
— Descubrirá la avería rápidamente.
— Harían una correría para cazar al león.
— Sembraré maíz si consigo el préstamo.
— Le mandarán a una diócesis lejanísima.
— Desafía al huracán desde su puesto.
— Había dicho que volverían el sábado.

— Conviene que os asociéis para el préstamo.
— La pastelería acabó con todo el azúcar.

FRASES PARA EL DICTADO

Ejercicio 1

— No sabía si tomar el ómnibus o el autobús.
— El avión hará un vuelo transoceánico.
— Escondió algún somnífero en el navío.
— Meterán en el automóvil hasta el maletín.
— Había varios pájaros comiéndose el maíz.
— El capitán deberá hacer un análisis económico.
— Las plantas de bambú daban un aspecto selvático.
— Anóteseme en la cuenta bancaria el préstamo concedido.
— La avería del camión retrasará la entrega del azúcar.

Ejercicio 2

— El somnífero estaba en un frágil frasco.
— El embajador estaría camino de un país árabe.
— Tenía mucha afición a la caza del jabalí.
— El vuelo aéreo partirá hacia Perú.
— Había restos pictóricos en la pared.
— Haríamos hincapié en una resolución práctica.
— Disimuló el carácter rústico del cántaro.
— Deberíamos hacer una subdivisión del capítulo.
— La tubería servirá para la conducción hidráulica.
— Fui a la escuela de los párvulos para contarles un cuento.

TEMA 6

Acentuación de las palabras compuestas.

ACENTUACIÓN DE LAS PALABRAS COMPUESTAS

En la acentuación con tilde de las palabras compuestas hay que tener presentes los siguientes supuestos:

- Como regla general, sólo lleva tilde, en caso de que corresponda, la última palabra del compuesto.

automóvil *entrevías* *radiografía*

- Los compuestos con prefijos o sufijos de origen griego se acentúan conforme a las reglas generales, considerando estas palabras como un todo simple.

teléfono *gramófono* *telegrafía*

- La última palabra del compuesto debe acentuarse si lo exigen las reglas ya conocidas; pero esa palabra no llevará acento cuando funciona sola, como es el caso de los monosílabos *ven*, *pie* y *pies*.

vaivén *ciempiés* *puntapié*

- La primera palabra del compuesto pierde su acento si lo llevaba cuando era simple.

decimoséptimo *encefalograma*

- Cuando la primera palabra del compuesto va unida a la siguiente con un guión, cada una conserva su tilde.

físico-química *vagón-restaurante*

- Los adverbios formados por adjetivos y el sufijo **-mente** llevan la tilde si el adjetivo ya la llevaba.

hábilmente *rápidamente* *enérgicamente*

- Las formas verbales a las que se les añaden pronombres conservan la tilde que tenían cuando eran simples.

freírse *reírse* *oírme* *parecióle*

- Los monosílabos verbales que no se acentúan llevan acento si al añadírseles enclíticos se forman palabras esdrújulas.

vióseles *fuímonos* *dióselo*

- Llevará acento cualquier forma verbal que se convierta en esdrújula o sobreesdrújula al añadirle pronombres.

estúdialo *recuérdame* *bébetelo*

- Cada palabra conserva el acento tónico en la misma sílaba, tanto si va en singular como en plural *(cortés-corteses; rubí-rubíes)*, con la excepción de:

régimen-regímenes *carácter-caracteres*

EJERCICIOS INDIVIDUALES

- 6.1. Copie estas palabras y fíjese en la colocación de la tilde.

teléfono	*barómetro*	*telégrafo*	*ágilmente*
fácilmente	*oceanográfico*	*ásperamente*	*angloalemán*
vigesimoséptimo	*hispanoamérica*	*quincuagésimo*	*hábilmente*

- 6.2. Construya una frase corta con las palabras del ejercicio anterior.

- 6.3. Copie las siguientes formas verbales.

cómaselo	*llevábamos*	*súmasela*	*estábamos*
fuímonos	*escapósele*	*dibújanoslo*	*cántala*
escríbemela	*oírmelo*	*escríbela*	*cámbialo*
cómpremelo	*cántalo*	*oírtelo*	*embárcate*

- 6.4. Escriba diez frases cortas y elija algunas de las formas verbales que tiene en el ejercicio anterior.

FRASES DE DICTADO

— Me gustaría oírtelo decir nuevamente.
— El ciempiés se escondió detrás de ese matorral.
— Le hicieron un encefalograma rápidamente.
— Cuando aprendas la canción, cántala entera.
— Trajo un pargo y hay que freírselo entero.
— El automóvil se paró porque no tenía gasolina.
— Tenía un carácter muy excitable.
— El vaivén del columpio me está mareando.
— Le dio un puntapié que le rompió el hueso de la canilla.
— Vivo en el decimoséptimo piso de un rascacielos.
— Toma este poema y estúdialo completo.

TEMA 7

Acentuación de los monosílabos.

ACENTUACIÓN DE LOS MONOSÍLABOS

Los monosílabos no se acentúan, salvo en las situaciones en que puedan confundirse con otras palabras que tienen diferentes funciones gramaticales.

Analicemos los casos concretos.

Palabra	*No lleva tilde*	*Lleva tilde*	*Ejemplo*
el	*artículo*	*pronombre*	***él*** *tendrá* ***el*** *estuche*
de	*preposición*	*verbo dar*	***dé*** *una moneda* ***de*** *diez*
te	*pronombre*	*sustantivo*	*¿****te*** *bebes este* ***té****?*
se	*pronombre*	*v. ser*	***sé*** *honesto y* ***se*** *notará*
		v. saber	***se*** *sabe que lo* ***sé***
tu	*adjetivo*	*pronombre*	***tú*** *presentarás* ***tu*** *versión*
mi	*adjetivo*	*pronombre*	***mi*** *guitarra es para* ***mí***
si	*conjunción*	*pronombre*	***si*** *le dan agua, vuelve en* ***sí***
		afirmación	***si*** *se lo ofrecieran, daría el* ***sí***
mas	*conjunción*	*adverbio*	*tengo* ***más*** *hojas,* ***mas*** *no te las doy*

EJERCICIOS INDIVIDUALES

• 7.1. Copie las siguientes frases y sustituya la línea de puntos por el monosílabo adecuado, con tilde o sin ella, según convenga.

— Espero que ... confecciones el informe.
— En mi casa estaba ...
— Me lo confirmó a ... expresamente.
— ... florero estaba en su mesa.
— No creo que ... hayas encontrado más.
— Ya tengo diez estampillas, pero quiero...
— No sé ... lo sabrás bien.
— ... tú mismo en esa situación.
— La radio ... la ciudad capital.

• 7.2. Copie las siguientes frases y coloque la tilde en los monosílabos que la necesiten.

— Te enviaré el libro para ti.
— Seguro que el lo sabe.
— Si viene, le diremos que si.

— Tampoco acudió el a mi reunión.
— Lo quería todo para si.
— Equivocadamente me lo enviaron a mi.
— Queremos mas uvas, mas es imposible.
— Estaba mi cartera en el bolsillo de el.
— ¿Esto es sólo para mi?
— Estabais tu y tu novia en el cine.

FRASES DE DICTADO

Ejercicio 1

— Me ofrecieron un té que te habría gustado.
— No enviaste a nadie a mi actuación.
— Observó el lugar que se le ofrecía ante sí.
— Tu tío confirmó el informe de mi ayudante.
— En mi casa tengo tu disco de flauta.
— Hay un enfrentamiento entre él y tú.
— No le eches a él la culpa de mi error.
— A él le gusta el churrasco de buey.
— Acude a la pesca porque a él le divierte.
— Sólo me dijo a mí algo más del tema.

Ejercicio 2

— Conviene que ampliéis la tubería para mí.
— Viajó por última vez en avión.
— ¿Habéis traído a alguien a la vendimia?
— Cuídese esa deficiencia ósea, si quiere vivir.
— Hará una reparación en el sistema hidráulico.
— Es un japonés de gran valía, ese que tú conoces.
— El correo aéreo es más rápido.
— Demostró una fuerza hercúlea cuando luchó con el león.
— Decídase a cambiar de caballería.
— El miércoles sustituí el banderín.

TEMA 8

Para diferenciar: porqué, porque, por qué y por que.

PARA DIFERENCIAR porqué, porque, por qué y por que

EXPLICACIÓN

Porqué, cuando va precedido de un artículo o de un determinativo, tiene función sustantiva. Podría sustituirse por el *motivo* o por la *causa.*

no dijo el ***porqué*** *de su determinación*
si ha actuado así, tendrá un ***porqué***

Por ser un sustantivo, también puede usarse en plural.

no dijo los ***porqués*** *de su determinación*
conocieron los ***porqués*** *en su discurso*

Porque es una conjunción causal y se usa en oraciones que explican la causa de la oración principal. Equivale a *pues* o *ya que.*

no voy ***porque*** *estoy muy cansado*
te has callado ***porque*** *él tenía razón*

Por qué sirve para preguntar, y equivale a *¿por qué razón?*

*¿****por qué*** *no lo llamas?*
ignoro ***por qué*** *se ha marchado*

Por que se compone de la preposición **por** y del pronombre relativo **que**. Equivale a *el cual, la cual, los cuales* o *las cuales.* Hay, pues, una referencia a un antecedente.

es la casa ***por que*** *(por la cual) pasamos*
muchos fueron los delitos ***por que*** *(por los que) le condenaron*

EJERCICIOS INDIVIDUALES

• 8.1. Copie las siguientes frases y escriba en la línea de puntos **porqué, porque, por qué** o **por que,** según convenga.

— No entiendo ... está siempre callado.
— Lo digo ... la razón está de mi parte.
— Quizá lo hace ... está disgustado.
— Se sujetó ... se caía de la escalera.
— No sabemos la calle ... se ha marchado.
— ¿... no has venido a la escuela?

— Explica la solución del problema, pero nunca el ...
— Pregunta ... puerta es más rápida la entrada.
— Asómate a esa ventana ... puedes verlo todo.

• 8.2. Compare sus respuestas en las frases anteriores con las que hayan hecho otros compañeros.

• 8.3. ¿Puede explicar la diferencia que hay entre estas dos oraciones?

Se desconocen las causas ***por que*** *ha desaparecido*
Se desconocen las causas ***porque*** *ha desaparecido*

FRASES DE DICTADO

Ejercicio 1

— Cada uno tiene un porqué en sus actuaciones.
— No sé por qué está cerrada la oficina.
— Ignoro la respuesta porque no estudié el tema.
— ¿Por qué fuisteis a ver esa película?
— Si ha obrado así, tendrá su porqué.
— No veo por qué te has de preocupar tanto.
— ¿Por qué te has enfadado; porque no te han invitado?

Ejercicio 2

— ¿Por qué estás hoy tan triste?
— Estás preocupado porque no te invitaron.
— Explicaremos el porqué de estos decretos.
— No voy porque me canso.
— ¿Por qué viene ahora con esa propuesta?
— Lo hago ahora porque estoy más convencido.
— Deberás exponernos el porqué de ese cambio.

TEMA 9

La tilde en palabras con diversas funciones gramaticales.

LA TILDE EN PALABRAS CON DIVERSAS FUNCIONES GRAMATICALES

LA TILDE EN LOS DETERMINANTES DEMOSTRATIVOS

Los demostrativos no se acentúan cuando funcionan como determinantes

este	*esta*	*estos*	*estas*	*esto*
ese	*esa*	*esos*	*esas*	*eso*
aquel	*aquella*	*aquellos*	*aquellas*	*aquello*

Cuando funcionan como pronombres, pueden acentuarse o no, pero es obligatorio hacerlo si se prestan a confusión.

de esos pinceles, éste es mío y aquél es tuyo
aquéllos que pasaron antes son éstos mismos

esto, eso y aquello nunca se acentúan.

LA APLICACIÓN DE LA TILDE EN LA PALABRA AÚN

La palabra **aún** lleva acento si cumple en la oración la función de adverbio y, en consecuencia, puede sustituirse por la palabra *todavía*.

aún está buscando las pruebas
no lo parece, pero aún llueve
aún no es el tiempo de la vendimia

No llevará tilde si es una conjunción y equivale a *también*, *inclusive*, *hasta*, *ni siquiera*.

no lo dijo ni aun preguntándoselo su padre
lo haré con tu ayuda y aun sin ella
dijo mi nombre y aun recordó mi apellido

LA TILDE EN LAS INTERROGATIVAS Y EN LAS EXCLAMATIVAS

Hay varias palabras que llevan tilde cuando tienen significado **interrogativo** o **exclamativo**. Pero, no la llevan cuando carecen de dicho significado. Veamos estos casos con algunos ejemplos:

que *quiero que me contestes*

qué	*diga qué prefiere ¡qué hermosa tarde!* *¿qué buscabas ahí?*
cual y cuales	*vinieron los niños, los cuales estaban cansados*
cuál y cuáles	*no sé cuál es tu trabajo, ¿cuál es el siguiente?* *¿cuáles elegisteis entre todos?*
quien y quienes	*que pase quien quiera que sea*
quién y quiénes	*ignoro quién habrá venido ¡quién tuviera esa suerte!* *¿Por quiénes podemos preguntar?*
cuanto y cuanta	*cuanta más gente haya, será más difícil*
cuánto y cuánta	*pregunta cuánto tardará ¡cuánta gente!* *¿Cuántos años tiene ahora?*
cuando y como	*me lo explicas cuando lo sepas*
cuándo y cómo	*no sé cómo hacerlo ¡cómo se te ocurrió eso!* *¿Sabes cuándo volverá?*
donde y adonde	*yo iré adonde tu vayas*
dónde y adónde	*no sé dónde estaré ¡adónde irá ahora!* *¿dónde se encontraría?*

EJERCICIOS PRÁCTICOS

• 9.1. Copie las siguientes frases y fíjese en la utilización de la tilde en los demostrativos con función pronominal y en el adverbio *aún.*

— Este alumno estudia mucho, pero aquél más.
— Cuando vinisteis aún estábamos hablando.
— Este libro está más claro que ése.
— Aún no ha llegado a casa.
— Este cofre es más grande que ése.
— Tenemos aún otro día de fiesta.
— De este cancionero, esa canción es buena y ésta regular.
— En esta mesa sobra aquél.

• 9.2. Escriba las siguientes frases y aplique la tilde en las palabras interrogativas o admirativas que la necesiten.

— ¿Cuando llegó este cargamento?
— No sé cual elegir de éstos.
— Supongo quien lo dijo.
— El sabrá como debe hacerlo.
— ¡Cuanto ruido hacen esos carros!
— Yo sabré como contestar.
— ¿Tú sabes donde está mi padre?
— ¿Como lo supo?

• Copie las frases siguientes. Sólo algunos casos son interrogativos y, por tanto, necesitan tilde. Póngala allí donde convenga.

— Recibo el cheque cuando me lo envían.
— No sé donde estará la respuesta.
— Quiero que te subas a ese tren.
— No veo cuando pueda llegar el final.
— Lo haremos como nos enseñaste.
— Pregunta cuanto tenemos que escribir.
— Que entre quien quiera a la exposición.
— Ya sabemos cual es tu novia.

FRASES DE DICTADO

Ejercicio 1

— ¡Dónde podré encontrar un trabajo de cerámica!
— Esa alumna aún no sabía esto que es tan fácil.
— Dicen que aún está buscando petróleo.
— Pregúntele qué le ocurre para que esté así de eufórico.
— ¿Cuántas cabezas de ganado tiene en este momento?
— Ese enfermo ha mejorado, pero éste está estacionario.
— No creo que aún sea época de cosecha.
— ¡Cómo podrás aceptar ese insulto!
— Ignoro dónde se habrá metido todo este tiempo.

Ejercicio 2

— No sabría decirte quién será el artista invitado hoy.
— ¿Cuándo y cómo fue ese accidente de trenes?
— Estas chuletas son mejores que aquéllas y están más frescas.
— Cuando volví, aún estaba trabajando en el escritorio.
— ¡Cómo tendrán el valor de afirmarlo!
— Lo veremos, pero aún es pronto para que llegue.
— ¿Sabéis quiénes tenían un modelo de ese tipo?
— Ese libro no lleva índice, pero aquél sí lo tiene.
— No sé quiénes habrán sido los autores del proyecto.

TEMA 10

Conjugaciones verbales. El verbo haber. El verbo hacer.

CONJUGACIONES VERBALES

- Los diversos tiempos verbales ofrecen dificultades ortográficas en algunos verbos. Para superar las dudas en la ortografía presentamos, a lo largo de este libro, la conjugación de determinados verbos que pueden considerarse más problemáticos en el aspecto ortográfico.
- Para mayor operatividad didáctica, en cada uno de los seis temas que dedicamos a esta cuestión ofreceremos dos verbos distintos, con sus correspondientes ejercicios de ortografía. Estos verbos serán: *haber* y *hacer*, *hablar* y *hallar*, *saber* y *deber*, *vivir* y *venir*, *llenar* y *llevar*, e *ir* y *volver*.
- Puesto que algunos países utilizan la terminología de Andrés Bello en la asignación de nombres a los tiempos verbales, presentaremos ahora esta terminología junto a la utilizada tradicionalmente, y entre paréntesis la última terminología que propone la Real Academia de la Lengua.

MODO INDICATIVO

Presente	= Presente
Pretérito Perfecto *(Pret. Perf. Compuesto)*	= Antepresente
Pretérito Imperfecto	= Copretérito
Pretérito Pluscuamperfecto	= Antecopretérito
Pretérito Indefinido *(Pret. Perf. Simple)*	= Pretérito
Pretérito Anterior	= Antepretérito
Futuro Imperfecto *(Futuro)*	= Futuro
Futuro Perfecto	= Antefuturo
Condicional Simple *(Condicional)*	= Postpretérito
Condicional Compuesto *(Cond. Perfecto)*	= Ante-postpretérito

MODO SUBJUNTIVO

Presente	= Presente
Pretérito Perfecto	= Antepresente
Pretérito Imperfecto	= Pretérito
Pretérito Pluscuamperfecto	= Antepretérito
Futuro Imperfecto *(Futuro)*	= Futuro
Futuro Perfecto	= Antefuturo

MODO INFINITIVO

Forma Simple	= Presente
Forma Compuesta	= Antepresente

• Comenzaremos este repaso por el verbo **Haber**, pues es el de uso más frecuente en nuestro idioma. No en vano lo usamos para formar los tiempos compuestos de todos los verbos.

EL VERBO HABER

MODO INDICATIVO

Presente	he, has, ha, hemos, habéis, han
Pret. Perf.	he habido, has habido ... han habido
Pret. Imp.	había, habías, había, habíamos, habíais, habían
Pret. Plus.	había habido... habíamos habido... habían habido
Pret. Indef.	hube, hubiste, hubo, hubimos, hubisteis, hubieron
Pret. Anter.	hube habido... hubisteis habido, hubieron habido
Fut. Imp.	habré, habrás, habrá, habremos, habréis, habrán
Fut. Perf.	habré habido... habrá habido... habrán habido
Condic. Sim.	habría, habrías, habría, habríamos, habríais, habrían
Condic. Com.	habría habido, habrías habido... habrían habido

MODO SUBJUNTIVO

Presente	haya, hayas, haya, hayamos, hayáis, hayan
Pret. Perf.	haya habido, hayas habido... hayan habido
P. Imp. 1ª f.	hubiera, hubieras... hubiéramos, hubierais, hubieran
P. Imp. 2ª f.	hubiese, hubieses... hubiésemos, hubieseis, hubiesen
P. Plus. 1ª f.	hubiera habido, hubieras habido... hubieran habido
P. Plus. 2ª f.	hubiese habido, hubieses habido... hubiesen habido
Fut. Imp.	hubiere, hubieres, hubiere, hubiéremos, hubiereis, hubieren
Fut. Perf.	hubiere habido... hubiéremos habido... hubieren habido

MODO IMPERATIVO

Presente	he tú, habed vosotros

FORMAS NO PERSONALES

Infinitivo Simple	haber
Infinitivo Compuesto	haber habido
Gerundio Simple	habiendo
Gerundio Compuesto	habiendo habido
Participio Simple	habido

EL VERBO HACER

MODO INDICATIVO

Presente	hago, haces, hace, hacemos, hacéis, hacen
Pret. Perf.	he hecho, has hecho... han hecho
Pret. Imp.	hacía, hacías, hacía, hacíamos, hacíais, hacían
Pret. Plus.	había hecho... habíamos hecho... habían hecho
Pret. Indef.	hice, hiciste, hizo, hicimos, hicisteis, hicieron
Pret. Anter.	hube hecho... hubimos hecho... hubieron hecho

Fut. Imp.	haré, harás, hará, haremos, haréis, harán
Fut. Perf.	habré hecho... habréis hecho, habrán hecho
Condic. Simp.	haría, harías, haría, haríamos, haríais, harían
Condic. Com.	habría hecho... habríais hecho, habrían hecho

MODO SUBJUNTIVO

Presente	haga, hagas, haga, hagamos, hagáis, hagan
Pret. Perf.	haya hecho, hayas hecho... hayan hecho
P. Imp. 1ª f.	hiciera, hicieras, hiciera, hiciéramos, hicierais, hicieran
P. Imp. 2ª f.	hiciese, hicieses, hiciese, hiciésemos, hicieseis, hiciesen
P. Plus. 1ª f.	hubiera hecho... hubiéramos hecho... hubieran hecho
P. Plus. 2ª f.	hubiese hecho... hubiésemos hecho... hubiesen hecho
Fut. Imp.	hiciere, hicieres, hiciere, hiciéremos, hiciereis, hicieren
Fut. Perf.	hubiere hecho... hubiéremos hecho... hubieren hecho

MODO IMPERATIVO

Presente	haz tú, haced vosotros

FORMAS NO PERSONALES

Infinitivo Simple	hacer
Infinitivo Compuesto	haber hecho
Gerundio Simple	haciendo
Gerundio Compuesto	habiendo hecho
Participio Simple	hecho

EJERCICIOS PERSONALES

- 10.1. Escriba el presente de indicativo del verbo **haber.**
- 10.2. Escriba el pretérito imperfecto de indicativo del verbo **haber.**
- 10.3. Escriba el pretérito indefinido de indicativo del verbo **haber.**
- 10.4. Escriba el futuro imperfecto de subjuntivo del verbo **haber.**
- 10.5. Escriba el pretérito perfecto de indicativo del verbo **hacer.**
- 10.6. Escriba el pretérito indefinido de indicativo del verbo **hacer.**
- 10.7. Escriba el condicional simple del verbo **hacer**.
- 10.8. Escriba el imperativo del verbo **hacer**, y tenga en cuenta que la Real Academia de la Lengua sólo reconoce ya, en este tiempo verbal, las dos formas de la segunda persona.
- 10.9. Redacte una frase con cada una de las siguientes formas del verbo **haber.**

hubo	*habría*	*ha habido*	*hubiera habido*
hubiesen	*habéis*	*habría habido*	*hubiere habido*
habíais	*hubiera*	*hubiese habido*	*han habido*
hayas	*habríamos*	*habiendo habido*	*había habido*

- 10.10. Anote una frase con cada una de las formas que tiene aquí seleccionadas del verbo **hacer.**

hice	*hiciésemos*	*haríais*	*hubieses hecho*
haremos	*hago*	*hagamos*	*hubiéremos hecho*
hacíamos	*hicieses*	*hicierais*	*habrían hecho*
haciendo	*hicieren*	*haré*	*hubierais hecho*

DICTADO DE FRASES

Ejercicio 1

— Ha habido mucha niebla, cuando hice el viaje a Londres.
— Como había hecho mucho frío ese día, se echó un gabán por encima.
— Habían ido a la hacienda, cuando hacíamos la excursión.
— Estábamos haciendo gimnasia, cuando hubo un eclipse de Sol.
— Aunque hubiéramos estado cantando, no habríamos molestado.
— Hubo una vez un obispo que mandó hacer varios templos.
— Todos echamos leña al fuego que hicimos en el patio.
— No te habríamos reprendido, si hubieses hecho lo que debías.
— En la ceremonia de premiación han echado de menos al actor principal de la película.

Ejercicio 2

— No creo que hayan hecho muy bien echando tanta agua al jardín.
— El doctor ha hecho una operación en la que ha habido complicaciones.
— Estoy haciendo una casa igual a la que hizo el abuelo en la playa.
— Hay que saber distinguir entre el verbo hacer y el verbo echar.
— Hazme el favor de hacer lo mismo que han hecho los demás.
— Echo más hielo al refresco, porque ha hecho mucho calor.
— Habría querido echar más leña al fuego, pero no había más cortada.
— Hicimos una representación de teatro, que hizo felices a los niños.
— Hubiese habido una gran fiesta, si hubieras venido antes.

TEMA 11

Actividades de evaluación parcial. Número 2.

ACTIVIDADES DE EVALUACIÓN PARCIAL. Número 2.

• 11.1. Escriba las siguientes palabras, colocándoles la tilde en caso de que la necesiten.

vicerrector	*bibliofilo*	*contraorden*	*vuelvase*
amabilisimo	*archipielago*	*retrovisor*	*pidaseme*
subacuatico	*cinematografo*	*semiagudo*	*cuidelo*
semicirculo	*especialisimo*	*hermosisimos*	*bicampeon*
inutilmente	*mirandolos*	*subdivision*	*somnifero*

• 11.2. Anote las siguientes frases en el cuaderno y observe, especialmente, los acentos ortográficos.

— Le gustaba practicar el deporte subacuático.
— Vendió inútilmente la silla de montar.
— Le inyectarán un somnífero antes de la intervención.
— Nos recibió en forma amabilísima.
— Descubrirán que estábamos mirándolos.
— Hubo una desgraciada batalla en torno al archipiélago.
— Todavía será posible hacer una nueva subdivisión.
— Tuvo un olfato especialísimo para la gastronomía.
— Pidió que se congregaran en un semicírculo en torno a él.
— Asistió a una exposición de biografías para expertos bibliófilos.

• 11.3. Anote de nuevo las siguientes formas verbales y ponga la tilde en los casos que sea necesaria.

oirselo	*reducen*	*atenuariamos*
hincharsela	*agrandareis*	*molestaba*
demostraria	*multiplicarian*	*denegarmelo*
rebajasen	*avanzarian*	*cedeselo*
moderalo	*mitigaban*	*deduceme*
rompermelo	*bebetelo*	*quitarselo*
conversariamos	*menguar*	*perdurarian*

• 11.4. Copie las siguientes frases y coloque la tilde en los monosílabos que deban llevarla.

— Mañana haré el resumen de la lección.
— No se si el regalo es para ti o para mi.
— Aquel delantero no sabía retener el balón.

— Sólo me dijo a mi un poquito mas sobre el asunto.
— Si viene, te lo pasaremos a ti.
— Me gusta mas el café que el te.
— Aun se comió un pastel mas.
— Lo acumuló todo para si.
— No me de mas hojas de papel por ahora.
— Se lo pedí, mas no me lo entregó.

• 11.5. Copie las siguientes frases y ponga en la línea de puntos **porqué, porque, por qué** o **por que,** según convenga.

— ¿Adivinas... hemos venido hoy?
— Traje aquí mis apuntes... no quería que los vieran.
— Me gustará averiguar el... de su intransigencia.
— ¿... no vienes tú también?
— ¿Te has contrariado... él tenía razón?
— No supe nunca el... de su negativa.
— No me acuesto... no tengo sueño.

• 11.6. Anote las siguientes frases y observe, detenidamente, la aplicación de la tilde en los pronombres demostrativos y en *aún*, cuando hace función de adverbio y equivale a la palabra *todavía*.

— Compra éstos porque parecen más buenos que ésos.
— De entre estos frutos, éste es ácido y ése agrio.
— No lo hemos visto aún en la fiesta.
— Aquéllas tuvieron la culpa de la pelea.
— El profesor no ha corregido aún el examen.
— ¿No sabes que ésas no hacen caso?
— La tierra está reseca pero aún no llueve.
— Cortaré estos árboles pero aquéllos los talaré mañana.

• 11.7. Escriba las siguientes frases y aplique la tilde en las palabras interrogativas o admirativas que deban llevarla.

— ¡Cuanta gente ha venido hoy!
— ¿Cuales estás dispuesto a comprar?
— Estaré con ustedes... ¡Como no!
— ¡Que buena novela!
— Quien sabe donde se ha metido.
— ¿Quien vino al encuentro?
— Decídase ya que hacer.
— ¿Cuantos años hace de eso?
— ¡Que barbaridad!
— Yo sabré como contestarle.

FRASES PARA EL DICTADO

Ejercicio 1

— Quería más yuca que patacones fritos.
— Este ejercicio necesita más práctica y ensayo.

— ¿Cómo se te ocurrió tal originalidad?
— Habrá que ocuparse de ese camino y de vigilar aquél.
— Nadie lo diría, pero aún tiene fuerzas para trabajar.
— ¿Cuánto vale este velero que está a la venta?
— Aquel alumno se está fijando en el trabajo de ése.
— Sé siempre comprensivo con las debilidades ajenas.
— Seguro que aún es pronto para que llegue el tren.
— ¿Dónde está la terminal de autobuses para Valparaíso?

Ejercicio 2

— La televisión debería tener más programas musicales y las películas deberían ser mejores y más modernas.
— Tuvieron una discusión y aún no se han vuelto a saludar.
— ¿Cómo te va en las clases de natación?
— A este mueble hay que darle más barniz y a aquél menos.
— Por más que se lo dije, no lo hizo.
— ¿Supiste quiénes traerían la garrafa en esta ocasión?
— Está bastante ajado pero aún lo conservo amorosamente.
— Tráenos la próxima semana algún disco de arpa paraguaya.
— ¡Cómo será posible tamaña bellaquería!
— Yo sé que tu marido se fue a Estados Unidos.

Ejercicio 3

— Sólo por las tardes aceptamos devoluciones de artículos.
— ¿Cuándo tendremos laboratorio de idiomas en el colegio?
— Jamás hará una cosa así, y tú lo sabes positivamente.
— Se quedó pensativo un rato mientras nos íbamos.
— Estoy seguro de que ha hecho ceviche de corvina.
— Le tocó la lotería y aún está recordando el hecho.
— Preferiría que lo guardase para sí.
— Ha dicho que eches un poco de ají en la comida.
— ¿Llegasteis a saber qué respondió?
— El té lo darán mañana en la sala de recepciones.

TEMA 12

Prácticas de evaluación global.

PRÁCTICAS DE EVALUACIÓN GLOBAL

REPASO DE LAS PRECEDENTES ACTIVIDADES DE EVALUACIÓN PARCIAL

• 12.1. En las siguientes palabras, la vocal tónica está en hiato con otra vocal. Coloque la tilde donde corresponda, al copiarlas en el cuaderno.

croar	*reid*	*oiasele*	*tendria*	*heroina*
laud	*traemelo*	*sonreir*	*creia*	*sonreia*
oido	*teologo*	*altruista*	*sonreiria*	*huisteis*
destruia	*cae*	*buho*	*tio*	*perdiolo*

• 12.2. Coloque la tilde, donde corresponda, a las siguientes palabras graves que contienen un diptongo en la sílaba tónica.

riego	*anzuelo*	*auto*	*hueso*	*cuento*
encuentren	*boina*	*sueter*	*aguila*	*peina*
persiana	*estiercol*	*tiempo*	*cielo*	*tiene*
viernes	*quiere*	*fuente*	*cuadro*	*huesped*

• 12.3. Ahora presentamos palabras agudas con diptongo en la sílaba final, para que coloque la tilde donde convenga.

reunion	*bien*	*traspie*	*tendreis*	*camion*
comio	*mirais*	*teneis*	*miel*	*irradiar*
puntapies	*accion*	*envidiar*	*reunio*	*cambiar*
estudiar	*tambien*	*hincapie*	*fiel*	*adicion*

• 12.4. Escriba en el cuaderno las siguientes oraciones y utilice, según corresponda, una de las siguientes palabras: **echo, echó y hecho**.

— El cartero... a correr del susto.
— María... mucha mermelada a la tarta.
— Podremos salir a jugar cuando hayamos... los problemas.
— El ministro... tierra al asunto.
— Había... una mesa para el pórtico.
— Si ganamos, será un... memorable.
— Se ha... famoso por sus declaraciones.
— A veces... abono a las plantas del jardín.

• 12.5. Subraye la sílaba tónica de cada uno de los siguientes vocablos.

carril	*asperamente*	*regimen*	*radiografia*
demosle	*lapiz*	*enaltecer*	*palta*
cocodrilo	*regimenes*	*tonica*	*caracter*
tomillo	*enfurecer*	*bebetelo*	*aspiradora*

• 12.6. Copie de nuevo las palabras que deban llevar tilde y colóquesela.

• 12.7. Coloque el acento a las siguientes palabras.

etimologico	*biografico*	*quimica*	*tonica*
metrica	*enciclopedico*	*etimologia*	*bisilaba*
semantica	*fisica*	*sinonimo*	*atona*
trisilaba	*antonimo*	*biografia*	*artistico*

• 12.8. Anote las siguientes formas verbales y aplíqueles la tilde en los casos que sea necesaria.

consolaria	*envuelvamelo*	*esperariais*	*separasela*
rompaselo	*invitame*	*anotanoslo*	*subiriamos*
cargabamos	*cantelo*	*compraria*	*amabamos*
repasatelo	*resolverian*	*cometelo*	*observalo*
comparalo	*oirmelo*	*remiteme*	*fuisteis*

• 12.9. Escriba las siguientes frases y ponga la tilde en los monosílabos que deban llevarla.

— Encontrarás mas peces en el recodo del río.
— Entregará el documento, si le pagas algo de mas.
— Tu libro lo tiene el en el cajón.
— Es conveniente que de el consentimiento.
— Tu serás el mejor en el concurso.
— Acumuló en si todas las funciones de mi departamento.
— Tu y tu hermano habéis hecho mas de lo necesario.
— A mas de uno habrá que exigírsele mas.
— Se dice que lo se, mas no es cierto.
— Mi vestido es para mi, por mas que porfíes.

• 12.10. Copie las siguientes frases y escriba en la línea de puntos **porqué, porque, por qué** o **por que**, según convenga.

— ¿Te fuiste... vino Florencio?
— ¿... viniste tan temprano?
— No conozco la causa... te envían.
— Te lo pido... es necesario.
— Todos tenían su... para reaccionar así.
— No sé... queréis venir conmigo.
— Investigaremos el... de tales conclusiones.

• 12.11. Escriba las siguientes frases y señale la tilde en las palabras interrogativas o admirativas que la necesiten.

— ¡Que gran película!
— Tu sabrás como pararle los pies.
— ¡Quien estuviera allí!
— ¿Cuando llevaste el regalo?
— No sé ni cuando llegaría.
— ¿Cual corresponde enviar?
— ¡Adonde irá con este tiempo!
— ¿Que estará esperando?

• 12.12. Los monosílabos **yo** y **ti**, que son nombre y pronombre personal, respectivamente, al igual que los sustantivos **fe** y **fin**, nunca llevan tilde. Teniendo esto en cuenta, anote las siguientes frases.

— Sin ti no puedo realizar el trabajo.
— Daremos fe de tu contestación y lo comunicaremos a la superioridad.
— Podría plantear el dar fin a nuestras relaciones comerciales.
— Compré yo el regalo para ti, pero el dinero lo puso él.
— Espera un milagro para aceptar la fe en Dios.
— No pude quedarme a ver el fin de la película.
— Tengo fe en ti, porque sé que lo harás bien.
— Me preguntó que si al fin me decidiría a hacerlo.

• 12.13. Ya hemos dicho que los monosílabos verbales no se acentúan, pero practiquemos expresamente unas frase con **vi, ve, di, dio, fui y fue**, copiando las siguientes frases.

— Cuando llegué, sólo vi el fin del acto primero.
— Contó luego que vio una bellísima puesta de Sol.
— Fue todo muy ameno y agradable en esa velada.
— Vé tú si quieres, yo no deseo acompañarte.
— Si te preguntan, di que estoy enfermo.
— El grupo vio los animales del zoológico.
— Aunque fui deprisa, no llegué a tiempo y perdí el tren.
— Ernesto le dio yerba al caballo por segunda vez.
— No di fin al libro, porque vi que ya era tarde.

FRASES PARA EL DICTADO

Ejercicio 1

— Ayer vi a su hermana, y precisamente la vi en el concierto.
— Hacía todo lo que le mandaban hacer y mucho más que hubiera.
— Vinimos porque nos llamaron con tanta urgencia que pensamos en lo peor.
— Encontré en Santo Domingo una moderna infraestructura turística.
— Los frailes y las monjas tienen la costumbre de usar hábito.
— Regresamos a casa porque esta discusión no va a solucionar la ruptura.
— Había una mancha de aceite sobre las aguas del puerto.
— Está convencido de que le atacan porque sí.
— ¡Por qué no llegaríamos a consultar antes con un abogado!
— Hice un gran pastel para la fiesta de cumpleaños que tuvo mi hermano ayer.

Ejercicio 2

— Harémoslo si lo aprueban con un sí condicionado a los resultados de las pruebas.
— Pregúntale por qué no avisó a los familiares del empleado accidentado.
— Antes vi a sus hermanos; los vi comiéndose un buen cordero.
— Hubo un desprendimiento de piedras y me salvé porque llevaba el casco puesto.
— Junto al río hay muchas fábricas que contaminan las aguas.
— Le pregunté el porqué de su insistencia en marcharse a vivir a México.
— Contábamos terribles historias de aparecidos y viejas consejas populares.
— En mi región, los militares y los guardias usan capote porque hace mucho frío.
— Le enviaré un memorándum con la relación de las decisiones que debería tomar.
— Contéstale con un sí rotundo, si es que se pone muy pesado.
— Quien siembra vientos recoge tempestades.
— ¿Por qué no lo haces tú mismo en un rato libre?

TEMA 13

Las mayúsculas.

LAS MAYÚSCULAS

Para conseguir destreza en el uso de las mayúsculas hay que tener en cuenta las siguientes situaciones en las que es necesario utilizarlas.

1. En la primera palabra de un escrito.

2. En la primera palabra de cada párrafo.

3. Después de un punto.

4. En los nombres propios y apellidos.

   Cristóbal Colón *Simón Bolívar* *García Márquez*

5. En el número romano de reyes, papas y siglos.

   Juan Pablo II *Enrique VIII* *Siglo XX*

6. En títulos, apodos personales o atributos divinos.

   Reyes Católicos *El Libertador* *El Redentor*

7. En épocas, períodos históricos o hechos famosos.

   La Conquista *La Revolución Francesa* *El Neolítico*
   La Colonia *Batalla de Ayacucho* *Edad Media*

8. En la toponimia.

Cordillera Central *Arauco* *Chiloé* *Amazonas*
Valparaíso *Iquitos* *Arica* *Antofagasta*

9. Cuando el artículo o el adjetivo forman parte del nombre.

Viña del Mar *El Salvador* *La Habana* *Punta Arenas*

10. En títulos que indican dignidad o autoridad.

Director *Ministro* *Embajador* *Presidente*

11. En los tratamientos.

    Su Excelencia *Excmo. Sr. Dr.* *Sra. o Srta.*

12. En algunas abreviaturas.

S.A. (Sociedad Anónima) *P.O. (Por Orden)*

13. En los colectivos que representan sociedades y corporaciones.

Gobierno Nacional	*Banco de los Andes*	*Museo de Bellas Artes*
Pacto Andino	*Universidad Austral*	*Teatro Municipal*

14. En el nombre de congresos y certámenes, en títulos de leyes y cabeceras de periódicos.

Premio Nobel	*Bienal de São Paulo*	*Festival de la OTI*
Ley Electoral	*Ley de Presupuesto*	*El Mercurio*

15. En los títulos de obras de arte, de películas y de libros. En los títulos sin nombres propios es suficiente con la mayúscula de la primera palabra.

La Venus de Milo	*El Guernica*	*Los Diez Mandamientos*
La Última Cena	*Crepusculario*	*El proceso de Nuremberg*

16. En las siglas que expresan abreviadamente el nombre de un organismo internacional o una nación.

UNESCO	*ONU*	*FAO*	*OEA*
OMS	*EE.UU.*	*URSS*	*RAU*

17. También se usan mayúsculas en las siglas de empresas, entidades o sociedades.

VIASA	*IBERIA*	*PALTEL*	*FAC*
BMW	*AVIANCA*	*TVE*	*RAI*

18. Por el contrario, en nuestro idioma se deben escribir con minúscula los nombres de los días de la semana, de los meses y de las estaciones del año.

lunes	*junio*	*primavera*
martes	*agosto*	*otoño*

19. Es incorrecto el uso de las mayúsculas que hacen algunos periódicos, cuando escriben todas las palabras de una noticia con la inicial en mayúscula.

EJERCICIOS PRÁCTICOS

• 13.1. Redacte unas frases en las que use cada una de las expresiones que le presentamos a continuación.

Ministro de Estado	*Excmo. Sr.*	*Consejo de Ministros*
Director General	*Su Santidad*	*Cámara de Diputados*
Banco Central	*El Salvador*	*Física y Química*
Instituto Politécnico	*El Mesolítico*	*Reina del Cielo*
Sociedad Anónima	*Su Alteza Real*	*Museo de Bellas Artes*

• 13.2. Integre en la relación de frases que le presentamos las expresiones siguientes.

Festival de la OTI	*Mercado Común Europeo*	*Reyes Católicos*
Juan XXIII	*Museo del Prado*	*El Callao*
ONU	*San Salvador*	*Viña del Mar*

— La sigla... significa "Organización de las Naciones Unidas".
— El Papa... convocó el Concilio Vaticano II.
— Enviamos una bonita melodía al...
— Cuando vaya a Chile visitaré... y sus alrededores.
— América se descubrió durante el reinado de los...
— El puerto de... está muy cerca de Lima.
— Visité el... cuando estuvimos en España.
— El... es una organización similar al Pacto Andino.
— La ciudad capital de El Salvador se llama...

FRASES DE DICTADO

— Nos visitó una delegación de la OEA para supervisar las obras del Museo Municipal.
— Los Estados Unidos de Norteamérica (EE.UU.) es el país que consume mayor cantidad de electricidad del mundo.
— El periódico que más me gusta es El Universal, pero hasta ahora no llegaba a Los Ángeles, California.
— Los Miserables es una famosa novela de Víctor Hugo, al igual que Nuestra Señora de París.
— El Simposio fue presidido por Su Excelencia el Embajador de la República Árabe Unida.
— Gabriel García Márquez es el último escritor iberoamericano que ha recibido el Premio Nobel de Literatura.
— Mañana voy a las Islas Canarias en el vuelo de IBERIA: "Buenos Aires - São Paulo - Santa Cruz de Tenerife".
— La Guerra de las Galaxias es una película de ciencia ficción.
— Napoleón Bonaparte utilizó en provecho propio todo el proceso de la Revolución Francesa.

TEMA 14

La numeración romana. Reglas para el uso de la numeración romana.

LA NUMERACIÓN ROMANA

La numeración romana se escribe con letras mayúsculas. Es de uso muy frecuente esta numeración para indicar los tomos de una obra, el orden de capítulos o partes de un tratado, la numeración de los siglos y los nombres de reyes, emperadores y papas.

Su representación es la siguiente:

numeración decimal	1	5	10	50	100	500	1000
cifras romanas	I	V	X	L	C	D	M

REGLAS PARA EL USO DE LA NUMERACIÓN ROMANA

Para leer o para escribir una cifra romana hay que tener en cuenta estas normas:

1ª Si a continuación de una cifra aparece otra igual o menor, el valor del primer signo se suma con el valor del siguiente.

XX = 20 *XV = 15* *XI = 11* *CX = 110*

2ª Si delante de una cifra se escribe otra menor, al valor de la mayor se le resta el de la menor.

IX = 9 *XIX = 19* *XL = 40* *CD = 400*

3ª En ningún número se utiliza la misma letra más de tres veces seguidas.

XIV = 14 *XLII = 42* *CDXLIV = 444*

4ª La V, la L y la D no pueden escribirse dos veces seguidas, ya que existen otras letras (X, C y M) que representan el valor duplicado de esas cantidades.

VV = X *LL = C* *DD = M*

5ª El valor de un número romano se multiplica por mil con una raya horizontal sobre el mismo. Se multiplicará por tantas veces mil como rayas horizontales haya encima.

$\overline{CXXII}CCXVI = 122.216$ $\overline{\overline{DCXI}}\,\overline{CLV}CDIV = 611.155.404$

EJEMPLOS PRÁCTICOS

1. I *17. XVII* *68. LXVIII* *399. CCCXCIX*

2. II *18. XVIII* *69. LXIX* *400. CD*

3. *III*
4. *IV*
5. *V*
6. *VI*
7. *VII*
8. *VIII*
9. *IX*
10. *X*
11. *XI*
12. *XII*
13. *XIII*
14. *XIV*
15. *XV*
16. *XVI*
19. *XIX*
20. *XX*
21. *XXI*
29. *XXIX*
30. *XXX*
35. *XXXV*
39. *XXXIX*
40. *XL*
45. *XLV*
49. *XLIX*
50. *L*
51. *LI*
59. *LIX*
60. *LX*
70. *LXX*
74. *LXXIV*
79. *LXXIX*
80. *LXXX*
88. *LXXXVIII*
89. *LXXXIX*
90. *XC*
91. *XCI*
99. *XCIX*
100. *C*
101. *CI*
109. *CIX*
124. *CXXIV*
149. *CXLIX*
449. *CDXLIX*
450. *CDL*
490. *XD*
499. *XDIX*
899. *DCCCXCIX*
900. *CM*
989. *CMLXXXIX*
990. *CMXC*
999. *CMXCIX*

1.567. *MDLXVII*

24.110. $\overline{XXIV}CX$

555.555. $\overline{DLV}DLV$

12.112.261. $\overline{\overline{XII}}\,\overline{CXII}CCLXI$

151.402.916. $\overline{\overline{CLI}}\,\overline{CDII}CMXVI$

EJERCICIOS

- 14.1. Escriba, en números romanos, todos los signos entre el uno y el treinta.

- 14.2. Escriba, en números romanos, entre el ciento treinta y uno y el ciento cuarenta y seis.

- 14.3. Escriba, en números romanos, todos los números entre el cuatrocientos cuarenta y siete y el cuatrocientos cincuenta y ocho.

- 14.4. Elija diez cantidades diferentes entre el quinientos y el mil, y exprese esas cifras con números romanos.

- 14.5. Redacte cinco ejemplos de números romanos con cantidades que contengan millares o millones.

TEMA 15

Adjetivos numerales. Los numerales ordinales. Los números múltiplos. Los números partitivos.

ADJETIVOS NUMERALES

LOS NUMERALES ORDINALES

1º Primero
2º Segundo
3º Tercero
4º Cuarto
5º Quinto
6º Sexto
7º Séptimo
8º Octavo
9º Nono o noveno
10º Décimo
11º Undécimo
12º Duodécimo
13º Décimo tercero, decimotercero, décimo tercio o decimotercio
14º Décimo cuarto o decimocuarto
15º Décimo quinto o decimoquinto
16º Décimo sexto o decimosexto
17º Décimo séptimo o decimoséptimo
18º Décimo octavo o decimoctavo
19º Décimo nono, decimonono décimo noveno o decimonoveno
20º Vigésimo
21º Vigésimo primero
22º Vigésimo segundo
23º Vigésimo tercero
24º Vigésimo cuarto
25º Vigésimo quinto
26º Vigésimo sexto
27º Vigésimo séptimo
28º Vigésimo octavo
29º Vigésimo noveno
30º Trigésimo
31º Trigésimo primero
40º Cuadragésimo
50º Quincuagésimo
60º Sexagésimo
70º Septuagésimo
80º Octogésimo
90º Nonagésimo
100º Centésimo
200º Ducentésimo
300º Tricentésimo
400º Cuadrigentésimo
500º Quingentésimo
600º Sexcentésimo
700º Septingentésimo
800º Octingentésimo
900º Noningentésimo
1.000º Milésimo
1.000.000º Millonésimo

EJERCICIOS PRÁCTICOS

- 15.1. Escriba la forma ordinal desde el treinta hasta el cuarenta y cinco.

- 15.2. Escriba la forma ordinal, y en orden inverso, desde el veinte hasta el uno.

LOS NÚMEROS MÚLTIPLOS

Doble
Triple

Cuádruple
Quíntuple
Séxtuple

EJERCICIOS PRÁCTICOS

• 15.3. Copie las siguientes frases:

— Me encontré con el doble de trabajo del que esperaba.
— Los alimentos están el triple de caros en sólo un año.
— Este terreno es el cuádruple de grande que el de su vecino.
— El hermano de mi suegra quintuplicó la herencia recibida.
— Duplicaremos las ganancias en este ejercicio.
— Se han cuadruplicado las cifras de paro obrero.
— Era imposible que sextuplicasen los beneficios.

LOS NÚMEROS PARTITIVOS

medio, tercio, cuarto, etc.

El resto de los partitivos se escribe igual que los números ordinales.

EJERCICIOS PRÁCTICOS

• 15.4. Escriba las siguientes frases, copiándolas o escuchándolas en un dictado que le hagan.

— Sólo me correspondió una cuarta parte de la torta.
— Era muy difícil separar exactamente un tercio.
— Con dos medios podemos juntar un entero.
— Intenta sacar sólo la quinta parte del contenido de esta botella.
— Una octava parte de la hacienda está dedicada a regadío.
— Me regalaron la décima parte del pasaje a Europa.
— La novena parte de una cantidad es menor que la séptima parte de esa misma cantidad.

TEMA 16

Abreviaturas usuales.

ABREVIATURAS USUALES

Especialmente en la correspondencia, es muy frecuente utilizar determinadas abreviaturas que al ser tan usuales es conveniente conocerlas para poder aplicarlas cuando sea necesario.

Las más importantes son:

Admin. .... Administración
afmo., affmo., -a. .... afectísimo, afectísima
atto., atta. .... atento, atenta
a. m. .... antes del mediodía
b.l.m. .... besa la mano
Cía., Co. .... Compañía
D., Dn. .... Don
Dña. .... Doña
D. m. .... Dios mediante
Dr., Dra. .... Doctor, Doctora
etc. .... etcétera
Excmo., -a. .... Excelentísimo, Excelentísima
Fr. .... Fray
íd. .... ídem
Ilmo., -a. .... Ilustrísimo, Ilustrísima
Ltdo., Ltda. .... limitado, limitada
Lic., Ldo., Lda. .... Licenciado, Licenciada
M.I. Sr., Sra. .... Muy Ilustre Señor o Señora
MM. .... Madres (Religiosas)
Mons. .... Monseñor
N. .... Norte
NE. .... Noreste
NO. .... Noroeste
nº, núm. .... número
P.A. .... Por Autorización
Pbro. .... Presbítero
P.D. .... Posdata
p.m. .... después del mediodía
pág., págs. .... página, páginas
p. ej. .... por ejemplo
P.O. .... Por Orden
prof. .... profesor
q.b.s.m. .... que besa su mano

q.D.g. .... que Dios guarde
Q.E.P.D. .... que en paz descanse
R.I.P. .... descanse en paz
Rte. .... remitente
Rvdo. .... Reverendo
Rvdmo. .... Reverendísimo
S. .... Sur
SE. .... Sureste
SO. .... Suroeste
SS.MM. .... Sus Majestades
S.E. .... Su Excelencia
S., Sto., Sta. .... San, Santo, Santa
Sra., Sras. .... Señora, Señoras
Srta. .... Señorita
Sr., Sres. .... Señor, Señores
S.S. .... Su Santidad
ss. .... seguro servidor
tel., tfno. .... teléfono
Ud.,Uds. .... usted, ustedes
V.I. .... Vuestra Ilustrísima
Vda. .... viuda
Vº. Bº. .... Visto Bueno
V.E. .... Vuestra Excelencia

EJERCICIOS PRÁCTICOS

- 16.1. Copie en el cuaderno de ejercicios cada una de las abreviaturas que se han presentado.

- 16.2. Sin mirar en el libro, anote junto a cada una de las abreviaturas que ha copiado el significado que le corresponde.

- 16.3. Compruebe en el libro la exactitud de sus anotaciones y rectifique donde sea necesario.

TEMA 17

Las conjugaciones verbales. El verbo hablar. El verbo hallar.

LAS CONJUGACIONES VERBALES

EL VERBO HABLAR

MODO INDICATIVO

Presente	hablo, hablas, habla, hablamos, habláis, hablan
Pret. Perf.	he hablado, has hablado,... han hablado
Pret. Imp.	hablaba, hablabas, hablaba, hablábamos, hablabais, hablaban
Pret. Plus.	había hablado,... habíamos hablado,... habían hablado
Pret. Indef.	hablé, hablaste, habló, hablamos, hablasteis, hablaron
Pret. Anter.	hube hablado,... hubisteis hablado, hubieron hablado
Fut. Imp.	hablaré, hablarás, hablará, hablaremos, hablaréis, hablarán
Fut. Perf.	habré hablado,... habrá hablado,... habrán hablado
Condic. Simp.	hablaría, hablarías, hablaría, hablaríamos, hablaríais, hablarían
Condic. Comp.	habría hablado, habrías hablado,... habrían hablado

MODO SUBJUNTIVO

Presente	hable, hables, hable, hablemos, habléis, hablen
Pret. Perf.	haya hablado,... hayamos hablado,... hayan hablado
P. Imp. 1ª f.	hablara, hablaras, hablara, habláramos, hablarais, hablaran
P. Imp. 2ª f.	hablase, hablases, hablase, hablásemos, hablaseis, hablasen
P. Plus. 1ª f.	hubiera hablado,... hubiéramos hablado,... hubieran hablado
P. Plus. 2ª f.	hubiese hablado,... hubiésemos hablado,... hubiesen hablado
Fut. Imp.	hablare, hablares, hablare, habláremos, hablareis, hablaren
Fut. Perf.	hubiere hablado,... hubiereis hablado, hubieren hablado

MODO IMPERATIVO

Presente	habla tú, hablad vosotros

FORMAS NO PERSONALES

Infinitivo Simple	hablar
Infinitivo Compuesto	haber hablado
Gerundio Simple	hablando
Gerundio Compuesto	habiendo hablado
Participio Simple	hablado

EL VERBO HALLAR

MODO INDICATIVO

Presente	hallo, hallas, halla, hallamos, halláis, hallan
Pret. Perf.	he hallado, has hallado,... han hallado
Pret. Imp.	hallaba, hallabas, hallaba, hallábamos, hallabais, hallaban
Pret. Plus.	había hallado,... habíamos hallado,... habían hallado
Pret. Indef.	hallé, hallaste, halló, hallamos, hallasteis, hallaron
Pret. Anter.	hube hallado,... hubisteis hallado, hubieron hallado
Fut. Imp.	hallaré, hallarás, hallará, hallaremos, hallaréis, hallarán
Fut. Perf.	habré hallado,... habrá hallado,... habrán hallado
Condic. Simp.	hallaría, hallarías, hallaría, hallaríamos, hallaríais, hallarían
Condic. Comp.	habría hallado, habrías hallado,... habrían hallado

MODO SUBJUNTIVO

Presente	halle, halles, halle, hallemos, halléis, hallen
Pret. Perf.	haya hallado,... hayamos hallado,... hayan hallado
P. Imp. 1ª f.	hallara, hallaras, hallara, halláramos, hallarais, hallaran
P. Imp. 2ª f.	hallase, hallases, hallase, hallásemos, hallaseis, hallasen
P. Plus. 1ª f.	hubiera hallado,... hubiéramos hallado,... hubieran hallado
P. Plus. 2ª f.	hubiese hallado,... hubiésemos hallado,... hubiesen hallado
Fut. Imp.	hallare, hallares, hallare, halláremos, hallareis, hallaren
Fut. Perf.	hubiere hallado,... hubiereis hallado, hubieren hallado

MODO IMPERATIVO

Presente	halla tú, hallad vosotros

FORMAS NO PERSONALES

Infinitivo Simple	hallar
Infinitivo Compuesto	haber hallado
Gerundio Simple	hallando
Gerundio Compuesto	habiendo hallado
Participio Simple	hallado

EJERCICIOS PERSONALES

- 17.1. Escriba el presente de indicativo del verbo **hablar.**

- 17.2. Escriba el pretérito indefinido de indicativo del verbo **hablar.**

- 17.3. Escriba el pretérito anterior de indicativo del verbo **hablar**.

- 17.4. Escriba la primera forma del pretérito imperfecto de subjuntivo del verbo **hablar.**

- 17.5. Escriba el futuro imperfecto de subjuntivo del verbo **hablar.**

- 17.6. Escriba el presente de subjuntivo del verbo **hallar.**

• 17.7. Escriba la segunda forma del pretérito pluscuamperfecto de subjuntivo del verbo **hallar.**

• 17.8. Escriba el condicional simple del verbo **hallar.**

• 17.9. Escriba el futuro imperfecto de indicativo del verbo **hallar**.

• 17.10. Escriba el imperativo del verbo **hablar** y del verbo **hallar**, teniendo en cuenta sólo las dos formas de la segunda persona, según las últimas normas de la Real Academia de la Lengua.

• 17.11. Escriba el gerundio y el participio de los verbos **hablar y hallar**.

• 17.12. Redacte una frase con cada una de las formas del verbo **hablar** que a continuación le presentamos.

hablaríamos	*hablaríais*	*habléis*
hablarás	*habla*	*habló*
hables	*habláramos*	*habláis*
hablé	*hablaba*	*hablarán*
hablásemos	*hablaste*	*hablábamos*

hube hablado	*habrían hablado*
hayan hablado	*habíais hablado*
hablando	*hubieseis hablado*
habíais hablado	*hubiéremos hablado*
hubieron hablado	*hubiéramos hablado*

• 17.13. Anote, así mismo, una frase de su propia invención en la que incluya cada una de las siguientes formas del verbo **hallar**.

hallé	*hallase*	*hallares*
hallarán	*hallo*	*hallabais*
halla	*hallaríamos*	*halléis*
hallaba	*halles*	*hallan*
halle	*hallasteis*	*hallásemos*

has hallado	*habían hallado*
hube hallado	*hubieron hallado*
hallan hallado	*hubieseis hallado*
habréis hallado	*hubiéramos hallado*
habríais hallado	*hubiéremos hallado*

DICTADO DE FRASES

Ejercicio 1

— Allá lejos hallarás a tu amigo, pues no creo que se haya ido.
— Cuando me hallaba más cansado me enviaron a que hablase.
— El libro habla de los dinosaurios, pero es muy difícil de hallar.
— Quiero que os halléis aquí cuando hablemos de ella.
— Cuando hayas estudiado hablaremos de tu hallazgo.

— Me hablaron del tesoro que habíais hallado ayer.
— Las hayas son unos árboles grandes que se hallan en muchos campos europeos.
— La sala se hallará llena si avisamos que hablará un ministro.
— Cuando hayas usado la madera de haya, hallarás lo fuerte que es.
— Hablaremos bien de ese hallazgo si conseguimos analizarlo previamente.

Ejercicio 2

— Hablarás de que el verbo hallar significa encontrar.
— No habléis mientras estéis masticando la comida.
— Nos hallaremos más tarde, allá donde hablabas la otra vez.
— Están hablando de lo que hablaste con el consejero.
— El que hubiere hallado el libro haría bien en entregarlo.
— Hallarán muchas dificultades para hablarle directamente.
— Hablaba continuamente y hallaba en ello un entretenimiento.
— Si hubiésemos hablado antes, no nos hallaríamos allá tan solos.
— Hoy ha hablado por teléfono mi padre, que se halla en Quito.
— Si hallaras algún inconveniente, deberías hablar con el primer agente que hallases en la ciudad.

TEMA 18

Actividades de evaluación parcial. Número 3.

• 18.1. Redacte frases cortas en las que incluya las siguientes palabras, teniendo en cuenta la utilización de las mayúsculas.

Instituto Pedagógico
Casa Presidencial
Guerra de Troya
Paleolítico Superior
Tribunal Supremo
Director Académico
Revolución Neolítica
San Ignacio de Loyola
Banco de Crédito
Escuela de Arquitectura
Jefe de Servicio
Imperio Romano
Don Pedro el Cruel
Cartagena de Indias

• 18.2. Escriba la sigla de diez organismos nacionales, y junto a cada sigla o abreviatura anote el nombre completo de la institución, igual que en los siguientes ejemplos.

OTAN *Organización del Tratado del Atlántico Norte*
CEE *Comunidad Económica Europea*
OUA *Organización de la Unidad Africana*
JAL *Japan Air Lines*

• 18.3. Copie las siguientes frases, colocando las mayúsculas en las palabras que lo precisen.

— *el presidente de la nación realizó la apertura oficial de la legislatura en la cámara de diputados.*
— *cristóbal colón salió del puerto de palos el 3 de agosto para llevar a cabo la gesta del descubrimiento.*
— *tuvimos el honor de recibir en la facultad de ciencias a su alteza real el príncipe, durante su visita oficial a la universidad nacional.*
— *se ha celebrado en el museo nacional de bellas artes una exposición antológica de la pintura cubista de pablo picasso.*
— *el consejo de ministros ha promulgado un decreto ley sobre la ampliación de la enseñanza primaria.*

• 18.4. Transcriba los siguientes números a la forma de numeración romana.

ocho
treinta y cuatro
cincuenta y nueve
setenta y ocho
noventa y tres
ciento cuarenta y ocho
trescientos setenta y nueve
quinientos noventa y nueve
siete mil cuatrocientos cuatro
nueve millones mil noventa

• 18.5. Copie las siguientes frases que llevan numerales ordinales y, simultáneamente, observe la tilde que se utiliza en muchos casos.

— Fue el séptimo que llegó a la meta.
— ¿Recuerdas el décimo mandamiento?
— El décimo cuarto no es un gran puesto.
— Estamos en el siglo vigésimo de nuestra era.
— Estamos en el cuadragésimo aniversario.
— Las bodas de plata corresponden al vigésimo quinto aniversario.
— Se celebró el quingentésimo aniversario del Descubrimiento de América.
— Alfonso XIII fue el decimotercero de los reyes españoles que se llamó Alfonso.
— Solemos decir doscientos aniversario porque ducentésimo es muy difícil.
— Pasado mañana celebrarán mis padres el duodécimo aniversario de boda.

• 18.6. Copie las siguientes frases que contienen diversos adjetivos numerales, ya sean ordinales, partitivos o múltiplos.

— Invirtió unos dólares en la bolsa de Nueva York y al año había ganado el cuádruple.
— Se olvidó de agregar la suma de tres quintos en la ecuación.
— Cuando fue a las carreras de caballos acertó una apuesta quíntuple.
— Compró un décimo de Lotería y le ha tocado un millón.
— Se quedó con las cuatro quintas partes de la herencia.

• 18.7. Escriba las abreviaturas de las siguientes expresiones.

Su Santidad	*Señores*	*remitente*
Por autorización	*profesor*	*Visto Bueno*
seguro servidor	*Su Excelencia*	*afectísimo*
teléfono	*Ilustrísimo*	*Reverendísimo*

• 18.8. Escriba las abreviaturas siguientes y tenga en cuenta la utilización de mayúsculas.

Noreste	*Compañía Limitada*	*Suroeste*
Doña	*Vuestra Ilustrísima*	*postdata*
Doctor	*Descanse en paz*	*licenciada*
Monseñor	*Muy Ilustre Señor*	*por orden*

FRASES PARA EL DICTADO

Ejercicio 1

— Abriré una cuenta en dólares en el Banco Exterior de España.
— Realicé una visita de cortesía al Instituto Tecnológico de México.
— "El lugar sin límites" es una conocida novela del chileno José Donoso.
— Este año comenzaré a estudiar en la Escuela de Medicina de la Universidad Javeriana.
— La nave Columbia ha realizado ya varios vuelos espaciales, y siempre ha regresado a la Tierra con éxito.
— Aunque a Andrés Bello se le conozca como lingüista, fue un hombre de letras muy polifacético.
— La Conquista y la Colonia son dos períodos importantes de la dominación española en América.

— Napoleón Bonaparte estableció el Derecho Napoleónico, en el que se ha inspirado la jurisprudencia moderna.
— Los científicos aseguran que la vida en la Tierra comenzó en la Era Arcaica.
— Rubén Darío fue un poeta nicaragüense, considerado como el máximo exponente del Modernismo.

Ejercicio 2

— Me parece una cantidad muy baja; como mínimo debe ser el cuádruple.
— El Canal de Panamá se terminó de construir en 1914.
— Habló el cómplice y así pudimos aprehender al ladrón del cuadro que debía ir al Museo Metropolitano de Nueva York.
— A continuación hizo uso de la palabra el Exmo. e Ilmo. Sr. Rector de la Universidad.
— El General Francisco Franco no llegó a celebrar su cuadragésimo aniversario en el poder.
— Recibiremos la quinta parte de la recolección de esta temporada.
— Las islas de Luzón y Mindanao son las más grandes del Archipiélago de las Filipinas.
— La Universidad de Alcalá de Henares, en España, fue fundada en MCDXCII.
— En el Museo de Gemas que tiene el Palacio Real hay una alhaja con un rubí que perteneció a la Emperatriz Catalina II de Rusia.
— Las célebres cataratas del Niágara se encuentran entre Canadá y los Estados Unidos de Norteamérica.

TEMA 19

Prácticas de evaluación global.

REPASO DE LAS PRECEDENTES ACTIVIDADES DE EVALUACIÓN PARCIAL

• 19.1. Copie los siguientes vocablos y coloque la tilde en las palabras que deban llevarla.

perfido	*marmol*	*kilometro*	*anecdota*	*decimo*
America	*perfidia*	*cantero*	*crista*	*anfora*
mentis	*telegrafo*	*martillo*	*catodo*	*barniz*
examen	*balcon*	*perfeccion*	*anodo*	*magnanimo*

• 19.2. Coloque la tilde a las palabras que lo necesiten e indique —subrayando— la sílaba tónica de las que no deben llevar tilde.

botanica	*azucar*	*capicua*	*noria*	*paella*
azahar	*clavel*	*alcazar*	*angel*	*almacen*
rueca	*candida*	*profecia*	*zaguan*	*camara*

• 19.3. Escriba una frase corta utilizando cada una de estas palabras que llevan tilde.

éter	*volátil*	*instantáneo*	*nácar*	*ácido*
estéril	*náuseas*	*óleo*	*paraíso*	*petróleo*

• 19.4. Anote las siguientes frases y ponga la tilde en las palabras monosílabas que, por su función gramatical, deban llevarla.

— Recordarás que en ese tema se te aconsejó lo contrario.
— Quiero comprar más café porque se que va a subir más otra vez.
— Yo ya me se la lección de geografía.
— Reservé una parte del pastel para que el participe del festejo.
— Si quieres, podemos tomar el te ahora mismo de éste que traje.
— Me ha emocionado este recuerdo que has enviado para mi.
— Sólo se que no se nada, decía Sócrates muy filosóficamente.

• 19.5. Escriba las siguientes frases y ponga la tilde en las partículas interrogativas o admirativas.

— ¡Como dio muestras de valor!
— ¡Quien será capaz de solucionar este dilema!
— Pregunté que quien sabía las respuestas y no contestó nadie.
— ¿Cuando te dijo que sin ti no sería nada?

— ¿Como te encuentras hoy de la operación?
— Ya sabré como explicar que fui a ver el partido de fútbol.
— ¿Cual sabe la contestación a esta pregunta?
— Supongo que yo fui el más afortunado.

• 19.6. Redacte frases cortas en las que integre las siguientes palabras. Fíjese en la utilización de las mayúsculas.

San Francisco de Asís	*Alejando Magno*
Escuela Municipal	*Banco de Crédito Industrial*
Ministerio de Agricultura	*Alta Edad Media*
Instituto Politécnico	*Poder Electoral*

• 19.7. Copie las siguientes frases y fíjese en la utilización de las mayúsculas.

— La UNESCO es un organismo de la ONU que se ocupa de la educación y la cultura.
— La FAO es el Organismo de las Naciones Unidas que trata los temas de alimentación y agricultura.
— Todas las naciones del continente americano pertenecen a la OEA, que es la Organización de Estados Americanos.
— La BMW es una importante marca alemana de automóviles, motocicletas y motores fueraborda para embarcaciones.
— En Colombia, la sigla FAC se refiere a la Fuerza Aérea Colombiana.

• 19.8. Escriba en números romanos las siguientes cifras que le ofrecemos.

veinte	*sesenta y nueve*	*doscientos cuatro*
dieciséis	*cuarenta y cuatro*	*seiscientos cuarenta*

• 19.9. Escriba las siguientes frases y coloque la tilde donde corresponda.

— Mañana hare el resumen de la leccion.
— No se si aquello es para usted o para mi.
— No me de mas hojas, pues solo necesito esta.
— Se lo pedi, mas no me lo dio.
— Aquel portero no deberia retener el balon.

• 19.10. Agregue la palabra que convenga en las siguientes frases, distinguiendo entre:

haya *del verbo haber y una clase de árbol*
halla *del verbo hallar*

— Tal vez... venido el Inspector General.
— Pasamos la tarde en un bosque de... y álamos.
— Intenta ver si... la solución al problema.
— ¿Usted cree que... alguna solución?
— Cuando... terminado, apague la luz.

• 19.11. Escriba las abreviaturas de las siguientes expresiones y tenga en cuenta la utilización de las mayúsculas en los lugares que sean necesarias.

Fray	*Doctora*	*Excelentísimo Señor*	*Sureste*
Posdata	*Visto Bueno*	*Limitada*	*Su Excelencia*
Licenciado	*Noroeste*	*Reverendo*	*Ilustrísimo*

• 19.12. Escriba los adjetivos ordinales de los siguientes números cardinales.

ocho	*treinta*	*quince*	*noventa y dos*
seis	*treinta y cinco*	*doce*	*cien*
diez	*cincuenta*	*diecisiete*	*cuatrocientos*
once	*ochenta y cinco*	*veinte*	*quinientos*

FRASES PARA EL DICTADO

Ejercicio 1

— Vete allá lejos con ese animal que has hallado en el campo.
— El hijo de mi compadre lloraba porque no le llevábamos en el carro.
— Hicisteis bien en darles de comer abundantemente a los animales.
— En San Juan de Puerto Rico se están restaurando todos los edificios antiguos que tenían estilo colonial.
— Hubiéramos roto fácilmente el cerco si nos hubieran ayudado.
— Antes hablé con su hermano y con su hermana; a él lo encontré bastante conciliador.
— Santo Domingo es la ciudad capital de la República Dominicana.
— Esta noche debo asistir con chaqué a una recepción oficial en la Embajada de Guatemala.
— En mi pueblo hay todavía costumbres antiquísimas.
— No hallo un hueco para que hablemos de la estrategia.

TEMA 20

La coma. Situaciones del uso de la coma.

LA COMA

Los signos de puntuación sirven al que escribe para separar las ideas entre sí. Al que recibe la comunicación escrita le facilitan la comprensión del texto.

Es muy necesario saber usar estos signos de puntuación correctamente.

La coma sirve, en concreto, para indicar detalles y pausas menores.

SITUACIONES DEL USO DE LA COMA

- En las enumeraciones, cuando los diferentes elementos de igual clase no van unidos por conjunciones copulativas o disyuntivas.

  Los montes y los llanos, los vientos, las selvas, los ríos y los mares reciben el aliento...
  Era tal su alegría que cantaba, reía, saltaba y lloraba al mismo tiempo.

- Los dos últimos elementos de una enumeración no se separan por comas, sino que se unen por una conjunción copulativa.

  Tiempo, viento, mujer y fortuna, presto se mudan.

- Los vocativos van siempre entre comas.

  Escucha, amigo, este consejo leal.
  Lucharás, soldado, con valor y entrega.

- Cuando se interrumpe el sentido de la oración y se intercalan datos explicativos, éstos se ponen entre comas.

  No es conveniente, con este calor, hacer el viaje.
  Los barcos, que llegaron, eran todos de vapor.

- Entre los miembros de una cláusula, independientes entre sí, aunque preceda una conjunción.

  La pintura me entretiene, la música me distrae, la danza me apasiona, y el teatro me enloquece.
  Pedid, y se os dará; buscad, y hallaréis; llamad, y se os abrirá.

- En frases conjuntivas.

  En ese recodo fue, realmente, donde chocaron.
  Con esta chica, enamorada, ya no se puede trabajar.

• Cuando se invierte el orden regular de la oración, o la oración subordinada precede a la principal.

Cuando vimos la aldea, apresuramos el paso.
Con esta lluvia, no llegaremos nunca.

• Se usa coma para separar acotaciones en gerundio o de participio absoluto.

Los alumnos, exceptuando los presentes, serán amonestados.
El profesor, escuchada la disertación, hizo sus notas.

• Cuando hay elipsis del verbo, pues está sobreentendido, se sustituye por una coma.

Yo no tengo posibilidades, tú igual. ¿Podremos?
La honra de un amigo es sagrada; la de un desconocido, también.

• En oraciones adverbiales intercaladas.

Ahora, como estoy alegre, no tomaré examen.
Mañana, cuando vengas, terminarás el cuadro.

• Van entre comas, finalmente, las expresiones similares a: *Por último, finalmente, en efecto, en fin, sin duda, sin embargo, pues, por consiguiente, etcétera.*

En este caso, por tanto, no aplicaremos el reglamento.
Tengamos en cuenta, ante todo, las posibles consecuencias.

EJERCICIOS INDIVIDUALES

• 20.1. Redacte un par de ejemplos, de inventiva personal suya, para cada uno de los casos en los que se le presenta la necesidad de usar coma.

• 20.2. Observe detenidamente las comas que hay en algún artículo de periódico o en alguna novela.

El patache es un barquito de treinta toneladas escasas, con aparejo de bergantín-goleta. Supónese que estos barcos han sido nuevos alguna vez; yo nunca los he conocido en tal estado, y eso que no los pierdo de vista, como lo pueda remediar. Por tanto, puede afirmarse que el patache es un compuesto de tablucas y jarcia vieja. Lo tripulan cinco hombres; a lo más, seis o cinco y medio: el patrón, cuatro marineros y un motil o muchacho cocinero. El patrón tiene a popa su departamento especial, con el nombre aparatoso de "cámara"; la demás gente se amontona en el rancho de proa, espacio de forma triangular, pequeñísimo a lo ancho, a lo largo y a lo profundo, con dos a modo de pesebres en los costados. En estos pesebres se acomodan los marineros para dormir, sobre la ropa que tengan de sobra, y debajo de la que vistan, pues allí son tan raras como las onzas de oro las mantas y las colchonetas. Para entrar en el rancho hay, entre el molinete y el castillo de proa, un agujero poco mayor que el de una topera, el cual se cubre con una tabla revestida de lona encerada, con tapa unas veces de corredera y otras de bisagras. De cualquier modo, si el agujero se cubre con la tapa, no hay luz adentro, ni aire, y si la tapa se deja a medio correr o levantada, entran la lluvia, el frío, el sol y las miradas de los transeúntes, porque el patache, en los puertos, siempre está atracado al muelle.

• 20.3. Ahora le presentamos el fragmento, sin ninguna coma, para que usted las coloque sin mirar el original.

El patache es un barquito de treinta toneladas escasas con aparejo de bergantín-goleta. Supónese que estos barcos han sido nuevos alguna vez; yo nunca los he conocido en tal estado y eso que no los pierdo de vista como lo pueda remediar. Por tanto puede afirmarse que el patache es un compuesto de tablucas y jarcia vieja. Lo tripulan cinco hombres; a lo más seis o cinco y medio: el patrón, cuatro marineros y un motil o muchacho cocinero. El patrón tiene a popa su departamento especial con el nombre aparatoso de "cámara"; la demás gente se amontona en el rancho de proa espacio de forma triangular pequeñísimo a lo ancho a lo largo y a lo profundo con dos a modo de pesebres en los costados. En estos pesebres se acomodan los marineros para dormir sobre la ropa que tengan de sobra y debajo de la que vistan pues allí son tan raras como las onzas de oro las mantas y las colchonetas. Para entrar en el rancho hay entre el molinete y el castillo de proa un agujero poco mayor que el de una topera el cual se cubre con una tabla revestida de lona encerada con tapa unas veces de corredera y otras de bisagras. De cualquier modo si el agujero se cubre con la tapa no hay luz adentro ni aire y si la tapa se deja a medio correr o levantada entran la lluvia el frío el sol y las miradas de los transeúntes porque el patache en los puertos siempre está atracado al muelle.

TEMA 21

El punto. El punto y coma. Los dos puntos. Los puntos suspensivos.

EL PUNTO

El **punto** sirve para terminar una frase con sentido completo.

El **punto y seguido** se usa cuando terminamos un juicio y seguimos razonando sobre el mismo tema.

El **punto y aparte** indica que ha terminado un párrafo. Puede ser porque se inicia un asunto diferente al tratado en el párrafo anterior; o porque se va a tratar de otro aspecto diverso de la misma cuestión.

El punto final se refiere al punto colocado al final de un escrito.

EL PUNTO Y COMA

El **punto y coma** es una pausa intermedia entre la coma y el punto y seguido.

Lo usamos para separar los miembros de los períodos que constan de varias oraciones que ya van separadas por comas, o cuando la oración que sigue se refiere a todos los períodos anteriores.

En resumidas cuentas, podemos aconsejar el **punto y coma**:

- Entre frases con cierta relación.

  El niño estudia la lección; el padre espera que termine.
  Éste está terminado; aquél, todavía no.

- Para evitar confusiones con otras comas de un período.

  Primero, introduzca la moneda; luego, marque el número; y finalmente, espere a que...

LOS DOS PUNTOS

Los **dos puntos** sirven para hacer resaltar lo que les sigue a continuación.
Se usa en los siguientes casos:

- En el encabezamiento de las cartas.

  Querido amigo: *Muy Sr. mío:* *Estimado compañero:*

- En el saludo al comienzo de un discurso.

  Señoras y señores: *Distinguido público:* *Ciudadanos:*

- Después de las palabras *a saber, por ejemplo,* etc.

- En los documentos públicos, después de expresiones tales como: *hago saber, declaro, certifico, ordeno y mando, fallo,* etc.

- Para iniciar una enumeración.

  Analizaremos sólo los puntos: uno, tres y cuatro.
  Podemos visitar también: Cali, Medellín y Barranquilla.

- Para reproducir palabras textuales propias o ajenas.

  Ya os dije en otra ocasión: el ocio es nocivo.
  Julio César dijo: "Llegué, vi, vencí."

- Para llamar la atención o resumir la consecuencia de lo precedente.

  Pero ante todo: visiten el Museo Arqueológico.
  La casa debe estar limpia, aireada, sin humedades, con luminosidad; en definitiva: en condiciones de habitabilidad.

LOS PUNTOS SUSPENSIVOS

Los **puntos suspensivos** indican una suspensión de palabras o ideas.

Se emplean cuando conviene al que escribe dejar en suspenso el sentido o cuando, por dudas, temor o respeto, se deja de decir algo que, por otra parte, es posible sobreentender.

Los casos más frecuentes son:

- Dejar una frase incompleta.

  El que a buen árbol se arrima...

- Suspender el final, para sorprender.

  Y en el momento más emocionante... apareció un gato corriendo.

- Para dejar algo indeterminado.

  El precio de los alimentos... mejor no comentarlo.

- En una forma entrecortada de expresarse.

  No sabría... posiblemente... si fuera posible...

EJERCICIOS INDIVIDUALES

- 21.1. Redacte personalmente algunos ejemplos de situaciones en las que se usen: *el punto, el punto y coma, los dos puntos y los puntos suspensivos.*

- 21.2. Observe la utilización de estos signos de puntuación que puede encontrar en cualquier lectura.

TEMA 22

El guión corto. El guión largo. El paréntesis. Las comillas.

EL GUIÓN CORTO

El guión corto se usa para separar y relacionar con datos o expresiones. Éstos pueden ser los casos más representativos:

- Para relacionar palabras que no son compuestas.

  Tratamos temas socio-políticos.
  Será una conferencia norte-sur.

- Para relacionar dos fechas.

  La Primera Guerra Mundial (1914-1918)
  Rubén Darío (1867-1916)

- Para cortar palabras al final de línea o renglón. Sólo podrán dividirse por sílabas. Cuando la primera o la última sílaba sea una vocal, no es conveniente que vaya sola.

  apo-geo, en vez de a-poge-o
  ate-neo, en vez de a-tene-o

EL GUIÓN LARGO

El **guión largo** se utiliza para intercalar una explicación.

- Para expresar una aclaración o comentario.

  La isla de Pascua —según creo— es bellísima.
  Para los árabes, la mujer —después del caballo— es el animal más perfecto de la creación.

- Cuando se intercala algo dentro de las palabras de un personaje o una cita textual.

  "Caminante, no hay camino —decía Machado— se hace camino al andar".

- Se emplea también en los diálogos al inicio de la frase, sin cerrarla, y cuando se indica la persona que habla, cerrando la aclaración que está intercalada.

EL PARÉNTESIS

El **paréntesis** sirve para encuadrar un dato opcional o para citar unas fechas que interesan.

Y pienso que dijo multa paucis (mucho en pocas palabras).
Pablo Neruda (1904-1973) obtuvo el Premio Nobel.

LAS COMILLAS

Las **comillas** son necesarias para señalar o destacar una expresión.

- En las citas de palabras textuales.

  Sabes que Luis XIV dijo: "El estado soy yo."
  Ya conoces el dicho: "Ojos que no ven..."

- Para subrayar una palabra o frase.

  Compramos unos aguacates "palta" que estaban deliciosos.
  Lo pillamos "in fraganti" cuando me miraba.

- Al utilizar vocablos extranjeros.

  Fuimos a patinar al "skating-room".
  El "allegretto" fue lo más brillante.

EJERCICIOS INDIVIDUALES

- 22.1. Aprecie el uso de los signos de puntuación en una obra teatral. En este caso es un fragmento de "Las manos de Dios", de Carlos Solórzano.

Tres días después en el atrio; el Campanero barre las gradas. De pronto sale de la iglesia precipitadamente el Cura, y detrás de él el Sacristán.

CURA.—(Dando muestras de desesperación). ¡Qué gran desgracia! Cuando lo vi no quise creerlo.
SACRISTÁN.—¡Cómo es posible! ¡Después de tantos años!
CURA.—Después de tantos años, es ésta la primera vez que siento miedo.
SACRISTÁN.—¿Del castigo de Dios?
CURA.—No. De lo que estos hombres puedan atreverse a hacer. (Al campanero, que se ha acercado). ¿Has visto entrar a alguien en la iglesia?
CAMPANERO.—(Displicente). A todo el mundo. Aquí es lo único que hay que hacer.
CURA.—Quiero decir... a alguien que no conozcamos.
CAMPANERO.—No. ¿Por qué?
CURA.—(Conteniendo las palabras). Han sido robadas las joyas de la mano derecha del Padre Eterno.

TEMA 23

La interrogación. La admiración.

LA INTERROGACIÓN

Los signos de **interrogación** (¿—?) indican que es interrogativa la oración incluida entre ellos.

No debe olvidarse que los signos de interrogación son dobles, y, por tanto, deben colocarse tanto al final como al principio de la oración interrogativa. Así es en castellano, aunque en otras lenguas sólo se utilice el signo del final.

¿Qué habrá sido ese ruido tan grande?

Pero veamos otras situaciones:

- Mientras que al comenzar una interrogación se usa siempre mayúscula, cuando hay una serie de interrogativas seguidas sólo es necesaria la mayúscula en la primera interrogativa.

¿Qué dices? *¿qué haces?* *¿qué piensas?* *¿qué te propones?*

- Si la interrogativa sólo afecta a una parte del párrafo, sólo esta parte irá con signos interrogativos.

Si estás dispuesto, ¿por qué no lo haces de una vez?

- Cuando se usan las interrogaciones en la cita de una fecha, se quiere indicar que hay duda en la exactitud del dato.

- No olvidemos, tampoco, que hay una forma interrogativa indirecta que no lleva signos interrogativos.

Me pregunto qué habrá sido ese ruido tan grande.

LA ADMIRACIÓN

Los signos de **admiración** (¡—!) enmarcan un contenido que expresa sentimientos vivos.

También los signos de admiración son dobles en castellano.

Se usan en oraciones exclamativas y con interjecciones.

¡Al ladrón! *¡Auxilio!* *¡Viva la Constitución!* *¡Ay!*

Cuando después del signo de admiración se pone una coma, la palabra siguiente no tiene que comenzar por mayúscula. Lo mismo sucede con la interrogación.

Pero yo, ¿se da cuenta?, no le doy importancia.

EJERCICIOS INDIVIDUALES

• 23.1. Observe los signos de interrogación y de admiración en el siguiente cuento del escritor Antón Chejov.

POR LA ESCALA SOCIAL

El consejero provincial Dolbonosov, hallándose en Petersburgo en comisión de servicio, fue a parar, por pura casualidad, a una velada que ofrecía en su casa el príncipe Fingalov; y, para sorpresa suya, encontró allí al estudiante de Derecho Schepotkin, que cinco o seis años antes daba clases particulares a sus hijos. No conociendo a nadie más, se acercó, aburrido, a Schepotkin.

—¿Cómo es que..., cómo ha venido usted a esta velada? —le preguntó, llevándose la mano a la boca para disimular un bostezo.

—Lo mismo que usted...

—Bueno, eso será cosa de ver —enfadóse Dolbonosov, mirando al joven por encima del hombro— ¡Ejem!... ¿Qué tal..., qué tal le van las cosas?

—Regular... Me gradué en la Universidad y ahora soy delegado especial de Podokonnikov.

—¡Ah!... Para empezar no está mal. Pero... Perdone la indiscreción: ¿qué representa ese cargo desde el punto de vista monetario?

—Ochocientos rublos.

—¡Bah! Con eso no hay ni para tabaco —murmuró Dolbonosov, adoptando de nuevo un tono de protectora condescendencia.

—Desde luego, para vivir decentemente en Petersburgo no es bastante; pero, además, soy secretario de la administración del ferrocarril de Ugaro—Deboshirskaia, y en este puesto gano mil quinientos rublos.

—¡Ah! En tal caso, naturalmente —le interrumpió Dolbonosov, mientras su cara se iluminaba con una especie de resplandor—. A propósito, querido mío, ¿cómo conoció usted al dueño de esta casa?

—Muy sencillo —respondió, indiferente, Schepotkin—. Me presentaron a él en casa del secretario civil Lodkin...

—¿Usted... visita a Lodkin? —desorbitó los ojos Dolbonosov.

—Muy a menudo. Estoy casado con una sobrina suya...

—¿Con una so—bri—na? ¡Hem!... ¡Quién lo iba a decir! Pues yo, ¿sabe usted?, siempre le deseé, siempre le predije... un porvenir brillantísimo, respetable Iván Petrovich...

—Piotr Ivanich.

—Eso es, Piotr Ivanich. ¿Sabe usted? Cuando le vi me dije: "Es una cara conocida". Al momento le reconocí, y pensé: "Tengo que invitarle a almorzar. No rechazará la invitación de un anciano". ¡Je, je, je! Hotel Europa, habitación treinta y tres. De la una a las seis...

TEMA 24

Palabras que deben escribirse separadas. Los numerales.

PALABRAS QUE DEBEN ESCRIBIRSE SEPARADAS

a bordo
a bulto
a cuestas
a deshora
a fin de
a medias
a menos que
a menudo
ante todo
a pesar
a propósito
a quemarropa
así como
a tiempo
a veces
bien que
como quiera
con qué (1)
con todo
de balde
de frente
de noche
de prisa
de pronto
de repente
de veras
en donde
en efecto
en fin
en medio
por fin
por supuesto
por tanto
pues que
sin fin (2)
sin embargo
sin vergüenza (3)
sobre sí
so pena de
tan bien (4)
tan poco (5)
visto bueno

(1) preposición y relativo; distinto de conque, que es conjunción.
(2) preposición y nombre; pero existe también el nombre sinfín.
(3) preposición y nombre; distinto del adjetivo sinvergüenza.
(4) adverbio; diferente del adverbio también.
(5) adverbio y adjetivo; se diferencia del adverbio tampoco.

LOS NUMERALES

Los números cardinales 16, 17, 18 y 19 pueden escribirse:

diez y seis o dieciséis
diez y siete o diecisiete
diez y ocho o dieciocho
diez y nueve o diecinueve

Entre los numerales ordinales hay que recordar diversas grafías, como:

nono y noveno
décimo tercero y decimotercero
décimo cuarto y decimocuarto
décimo nono y décimo noveno

EJERCICIOS INDIVIDUALES

- 24.1. Construya frases en las que incluya cinco ejemplos de palabras que se escriben separadas. Escoja casos de la primera columna.

- 24.2. Realice el mismo ejercicio con cinco ejemplos de la segunda columna.

- 24.3. Escriba cinco frases con palabras de la tercera columna.

- 24.4. Redacte una frase con cada uno de los casos en que se escriben unidas.

conque, sinfín, sinvergüenza, también y tampoco

- 24.5. Anote frases diversas en las que use las diferentes formas de escribir algunos numerales cardinales y ordinales.

DICTADO

Llegó a bordo de un transbordador, a deshora, a pesar de haberle avisado a tiempo. Traía a cuestas un paquete, que a bulto, parecía pesar unos cuantos kilos.

Yo le pregunté a quemarropa: ¿Por qué has tardado tanto? Vendrás con todo solucionado, ¿no es cierto?

Él me contestó: A veces eres muy impulsiva; no en balde sales a tu padre.

Como quiera que es tarde, le dije, vamos y explícate.

De pronto, él se puso de frente a la ventanilla, y en medio del silencio, comenzó a contarme el trasfondo de la cuestión, mientras yo manejaba por las solitarias calles de la ciudad.

Comenzó así: En efecto. Por supuesto que he dejado un cúmulo de trabajo amontonado; con todo, no podía dejar de venir, so pena de no resolver este problema. Sin embargo, espero no estar aquí mucho tiempo. De veras que no quiero ocasionarte muchas molestias, pero tu ayuda me es absolutamente necesaria. Por tanto, solucionemos esta cuestión lo antes posible para que nos den el visto bueno. De veras deseo un desenlace rápido y aceptable para todos.

De noche, el carro podía circular de prisa, pero a menos que se explicara mejor, llegaríamos a nuestro destino y yo no habría sacado nada en claro.

---

(1) preposición y relativo; distinto de *conque* que es conjunción
(2) preposición y nombre pero existe también el nombre *sinfín*
(3) preposición y nombre; distinto al adjetivo *sinvergüenza*
(4) adverbio; diferente del adverbio *también*
(5) adverbio y adjetivo, es diverso del adverbio *tampoco*

TEMA 25

Palabras que se escriben juntas.

PALABRAS QUE SE ESCRIBEN JUNTAS

EJEMPLOS

sobremesa	*sobrecubierta*	*sobrecargo*
sobrecama	*sobreabundancia*	*sobrepujar*
sobrecoger	*sobreponer*	*sobrecerco*
sobreseer	*sobrealimentación*	*sobresalto*
sobrepaño	*sobreañadir*	*sobrehilar*
sobresello	*sobreexcitación*	*sobreasar*
sobreentender	*sobrellevar*	*sobrenatural*
sobrenombre	*sobrefalda*	*sobreprecio*
sobremanera	*sobresaliente*	*sobrepaga*

FRASES DE DICTADO

— Han sobreseído el caso, porque se sobreentendía ya juzgado.
— Hubo que poner un sobresello, porque tenía una sobrecarga.
— Le dieron una sobrepaga, porque sobrepasó las horas laborales.
— Es normal que un deportista tenga un sobrenombre.
— Me llevé un sobresalto que me causó una sobreexcitación.
— En aquellos días de sobreabundancia aprovecharon para sobrealimentarse.
— La comida fue sobresaliente; pero la sobremesa, lo más agradable.
— Al sobrecargo de este barco no hay quien le pueda sobrellevar.
— Esa sobrefalda que has puesto como un sobrecerco realza el vestido.

EJEMPLOS

anteanoche	*guardabarreras*	*guardameta*
anteayer	*guardabarros*	*guardamuebles*
antebrazo	*guardabosques*	*guardarropa*
antemano	*guardacostas*	*guardatimón*
antepecho	*guardafrenos*	*guardavela*
antesala	*guardaagujas*	*guardavía*

FRASES DE DICTADO

— Anteayer tomó sus vacaciones el guardia.
— El guardabosques espera en la antesala para ser recibido.

— La señorita del guardarropa recibe muchas propinas.
— Al caerse de un árbol se rompió el antebrazo.
— Anteanoche no estuvo afortunado el guardameta.
— Habíamos encargado cinco guardacostas a esos astilleros.
— Le previne de antemano que ese estudio estaba errado.
— Vimos cómo el guardaagujas enviaba al tren por unos raíles en construcción.
— Mientras estemos destinados fuera, confiaremos todo a un guardamuebles.
— En el coche me destrozaron el guardabarros izquierdo.

EJEMPLOS

bienaventurado	*contrafuerte*	*entreacto*	*limpiaparabrisas*
bienestar	*contramaestre*	*entretiempo*	*limpiabotas*
bienhechor	*contraorden*	*entretela*	*limpiadientes*
bienintencionado	*contrapeso*	*entretener*	*limpiaplumas*
bienvenida	*contratiempo*	*entresuelo*	*limpiauñas*

FRASES DE DICTADO

— Les dimos la bienvenida con cariño.
— Todos aspiramos a un mejor bienestar.
— En el entreacto vimos a unos compañeros suyos.
— El oficio de limpiabotas va desapareciendo.
— No supimos cómo entretener a los niños.
— La contraorden llegó demasiado tarde.
— Tardó mucho tiempo en saber quién fue su bienhechor.
— El contrapeso no fue suficiente y la carga se cayó.
— Han puesto una discoteca en el entresuelo.
— El proyecto se hizo con un fin bienintencionado.
— Nadie podía esperar que hubiese este contratiempo.
— Este vestido es de entretiempo para que sirva en climas variados.
— Compré un limpiauñas, aparato al que también llaman cortauñas.

OTROS EJERCICIOS

• 25.1. Anote todas las palabras de las tres relaciones de ejemplos de este tema que no han sido utilizadas en los tres grupos de frases de dictados anteriores.

• 25.2 Redacte una frase con cada una de las palabras que acaba de anotar, procurando que cada frase pueda ayudar a comprender el significado de la palabra utilizada.

TEMA 26

Palabras que se escriben juntas.

PALABRAS QUE SE ESCRIBEN JUNTAS

EJEMPLOS

conmigo	*portaaviones*	*vicepresidente*
contigo	*portacartas*	*vicerrector*
consigo	*portamonedas*	*vicesecretario*
parabién	*salvabarras*	*malcriado*
paracaídas	*salvavidas*	*malestar*
pararrayos	*salvoconducto*	*malintencionado*

FRASES DE DICTADO

— Vino conmigo a ver el portaaviones anclado en la bahía.
— Siempre dudo si se abrirá el paracaídas.
— Con sus palabras, el vicerrector produjo gran malestar.
— Es conveniente tener a mano el salvavidas.
— El vicepresidente se portó como un malcriado al negar la entrada a los socios.
— ¿Le servirá de algo el salvoconducto que le expedieron ayer?
— Recibió los parabienes de la concurrencia.
— Ese comportamiento demuestra que es un hombre malintencionado.
— Se llevó consigo al vicesecretario para asegurarse la reelección.

EJEMPLOS

besalamano	*bocacalle*	*tirabuzón*	*quitamanchas*
besamanos	*bocamanga*	*tiralíneas*	*quitasol*
medianoche	*tapacubos*	*sacacorchos*	*también*
mediodía	*taparrabos*	*sacamuelas*	*tampoco*

FRASES DE DICTADO

— Comenzó a llover a medianoche y no escampó hasta el mediodía.
— Después de la comida salieron a pasear para lucir el quitasol.
— Peinaron a la niña con tirabuzones y también con lazos.
— Los quitamanchas no siempre dan el resultado apetecido.
— Tampoco acudió al besamanos del nuevo sacerdote.
— Los indígenas que vimos en la expedición, sólo llevaban unos taparrabos.
— Conocemos también con el nombre de sacamuelas a los charlatanes de feria.

— Le compramos un tiralíneas que rompió en un santiamén.
— Queríamos abrir la botella de vino y no hallábamos el sacacorchos.
— Nos encontramos frente a frente al cruzar una bocacalle.

EJEMPLOS

*abajo**	*aposta*	*pasatiempo*	*sobremanera**
*abasto**	*aprisa**	*pisapapeles*	*sordomudo*
acerca	*asonada*	*quehacer**	*sujetapapeles*
además	*cumpleaños*	*quienquiera**	*tejemaneje*
adrede	*debajo*	*santiamén*	*vaivén*
*afín**	*encima*	*semicírculo*	*varapalo*
afuera	*enfrente*	*sinfín**	*verdinegro*
*aparte**	*enhorabuena*	*sino**	*viceversa*
apenas	*extremaunción*	*sinnúmero*	*zigzag*

**Estas palabras, separadas, tienen otro significado.*

FRASES DE DICTADO

— Se te ha roto la tela en zigzag encima de la solapa.
— ¿Qué hacer con tantos problemas que presenta el quehacer diario?
— Hablé aparte en el despacho, a parte de los trabajadores en huelga, apenas descubrí el tejemaneje que se tenían los que buscaban una asonada.
— No damos abasto a tanto trabajo, además llegan nuevas remesas de afuera.
— Puedes decir, sin vergüenza alguna, que no eres un sinvergüenza, por lo que te doy la enhorabuena.
— A fin de que no hubiera mayores discusiones, se intentó una resolución afín.
— Abajo tenemos unas rebajas con artículos a bajo precio.
— Puede acudir cualquiera al cumpleaños, pero quienquiera que vaya ha de comportarse correctamente. No olvide esto quien quiera ir.

TEMA 27

Actividades de evaluación parcial. Número 4.

• 27.1. Redacte unas frases con cada pareja de palabras que conservan su tilde, ya que no llegan a ser una palabra compuesta:

técnico-profesional
ítalo-americano
jurídico-administrativo
político-religioso
este-oeste
gótico-románico
teórico-práctico
político-social
físico-químico
austro-húngaro
hispano-portugués
épico-burlesco

• 27.2. Copie las siguientes frases, en las que aparecen los guiones largos.

— En 1541 fue fundado —por Valdivia— Santiago de Chile.
— En la primera guerra contra Francisco I —por la soberanía de Italia—, Carlos I venció en las batallas de...
— Fuimos al desierto de Atacama —el lugar más seco del mundo—, que está en Chile.
— Muchos no creerían que la tierra gira —alrededor del Sol— a una velocidad de 107.182 kilómetros por hora.

• 27.3. Copie las siguientes frases, en las que encontrará contenidos entre paréntesis.

— Julio César conquistó tan rápidamente Las Galias que pudo decir a su regreso: "veni, vidi, vinci" (llegué, vi, vencí).
— Durante la Primera Guerra Mundial (1914-1918) murieron millones de soldados.
— Los armamentistas dicen "Si quieres la paz, prepara la guerra" (Si vis pacem, para bellum).
— Con la muerte de Robert Kennedy (6-VI-1968), desapareció el segundo de los hermanos Kennedy.

• 27.4. Copie las siguientes frases, en las que se utilizan las comillas.

— "En un lugar de la Mancha..." es el célebre comienzo del Quijote.
— Aplícate este refrán: "En casa del herrero, cuchillo de palo".
— Que nunca te digan: "¡Roma no paga a traidores!".
— "Puedo escribir los versos más tristes esta noche" es el primer verso del celebérrimo Poema XX de Pablo Neruda.

• 27.5. Busque una palabra compuesta que signifique lo mismo a lo expresado en las siguientes frases.

— Un arma que lanza fuego a llamas:

— Una persona que limpia zapatos y botas:
— Un producto de América Central:
— Una señora con el pelo rojo:
— Alguien nacido en Estados Unidos:
— Un sofá que sirve como cama para dormir:
— Una persona nacida en África del Sur:
— Un cruce de calles:
— Un instrumento para descorchar botellas:

• 27.6. Construya una frase con cada una de las palabras compuestas que ha puesto en el ejercicio anterior.

sacacorchos	*sofá-cama*	*pelirrojo*
estadounidense	*bocacalle*	*sudafricano*
limpiabotas	*lanzallamas*	*centroamericano*

• 27.7. Copie las siguientes frases en las que aparecen palabras compuestas.

— Se dice que habla tanto como un sacamuelas.
— Se abolló todo el guardabarros.
— Todos le dimos los parabienes.
— Usa siempre un guardapolvos en clase.
— Necesité un salvoconducto especial.

• 27.8. Copie las siguientes frases, en las que se están utilizando los signos de admiración y de interrogación.

— ¿Tiene un cigarrillo, por favor?
— ¡Cállense! Quiero contarles algo.
— ¿Comeremos hoy pescado al horno?
— ¡Ay! ¡Quién pudiera verla!
— ¿Sería capaz de edificar esta mansión?
— ¡Llevó unas empanadas riquísimas!

• 27.9. Redacte unas frases en las que utilice las siguientes expresiones, formadas con palabras que deben utilizarse separadas.

a fin de	*ante todo*	*por tanto*	*a medias*	*de prisa*
en efecto	*en fin*	*a propósito*	*en donde*	*de repente*

FRASES PARA EL DICTADO

Ejercicio 1

— La Convención Anual de Cardiólogos se celebró en la ciudad estadounidense de Huston.
— A menos que te des prisa, no podremos llegar a tiempo a la reunión programada.
— De pronto descubrí que lo dicho no se ajustaba a la realidad.
— La lección ofrecerá una solución a la polémica suscitada.
— Visité en Hiroshima el Museo en Memoria de la Bomba Atómica (lanzada el 6 de agosto de 1945), y me hizo reflexionar sobre lo terrible del desastre atómico.
— Estos cigarros-puros son un producto centroamericano, hecho concretamente en Nicaragua.

— Víctor Manuel II (último rey de Italia) tuvo que dejar el poder en manos de Benito Mussolini.
— Es un futbolista de origen ítalo-norteamericano —nacionalizado—, que juega con una gran habilidad.
— ¿Cómo dijeron que lo harían tan rápido?
— Cuando llegue, ante todo le voy a explicar cómo está la situación en este momento.

Ejercicio 2

— Ha ejercido el cargo de forma sobresaliente, a pesar de las tensiones que creó su nombramiento.
— Transmitió por teléfono el carácter urgentísimo de la demanda.
— En esta salita colocaremos un sofá-cama, por si fuera necesario utilizarlo para algún invitado.
— Podemos encontrar por toda España catedrales gótico-románicas, pues durante los muchos años de su construcción evolucionaron los estilos arquitectónicos del románico al gótico.
— Algunos políticos creen en ciertas ocasiones que pueden tomarnos por ingenuos niños de escuela.
— Llámale y entrégale el libro que pidió para sí.
— Será un gran negocio poner una cafetería en esta bocacalle, porque es un cruce muy concurrido y céntrico.
— ¿De veras crees que no aumentará este año la inflación?

TEMA 28

Prácticas de evaluación global.

REPASO SOBRE LAS PRECEDENTES ACTIVIDADES DE EVALUACIÓN PARCIAL

• 28.1. Divida las siguientes palabras en sílabas; anote junto a cada palabra si es aguda, llana, esdrújula o sobreesdrújula y aplique la tilde a las que la necesiten.

examen	*moho*	*rail*	*cetaceo*	*martir*
candida	*borron*	*acentua*	*caballo*	*baul*
pie	*talon*	*cuida*	*reptil*	*jaguar*
maiz	*leon*	*jabali*	*vibora*	*cesped*

• 28.2. Coloque la tilde a las palabras que lo necesiten e indique —subrayando— la sílaba tónica de las que no deben llevar tilde.

clavel	*botin*	*cenit*	*apostol*	*tiburon*
espuela	*arroz*	*petalo*	*alqueria*	*aldea*
iguana	*jerarquia*	*alheli*	*tregua*	*anfora*
elixir	*paramo*	*guardia*	*antilope*	*alfiler*

• 28.3. Redacte con cada una de las siguientes palabras una frase corta y sencilla, procurando no olvidar la tilde.

vía	*zoológico*	*báculo*	*porfía*	*policía*
día	*vehículo*	*análisis*	*tímido*	*archipiélago*

• 28.4. Anote las siguientes frases y aplique la tilde en las palabras monosílabas que por su función gramatical deban llevarla.

— Te lo diré, aunque no te agrade que diga eso de el.
— Después de tanto tiempo, se ha acostumbrado a vivir solo.
— Si no llueve, esta tarde iremos a tomar el te en tu casa.
— No de crédito a esas palabras insidiosas y malintencionadas.
— Ya se que se dicen muchas cosas en estos días.
— Cuando estabas echando mas cemento, te advertí que no lo hicieras.

• 28.5. Escriba las siguientes frases y ponga la tilde en los casos en que haya función interrogativa.

— ¿Quien se fue esta mañana sin mi permiso?
— No sé ni cuanta gente vio el espectáculo por televisión.
— ¡Quien estuviera en ese concierto de músicos tan famosos!
— ¿Que va a hacer si no ve una ocasión propicia desde entonces?

— ¡Cuando podremos comprar un televisor en color!
— No te vi en el teatro Municipal. ¿Cuando llegaste?
— No sabría cual escoger entre tanta variedad interesante.

• 28.6. Redacte frases cortas en las que incluya las siguientes palabras, teniendo en cuenta la utilización de las mayúsculas.

Banco de Fomento	*Escuela Superior de Hostelería*
Revolución Industrial	*Tribunal Constitucional*
Ministerio de Sanidad	*Baja Edad Media*

• 28.7. Según sea la forma más apropiada, complete estas oraciones con el verbo *revelar* o *rebelar.*

— Mañana te podré ... el motivo de mi partida.
— Puedes ... el secreto a un buen amigo.
— Yo me ... siempre contra la injusticia.
— Tengo que ... estas fotografías del viaje.
— Nunca se ... los motivos de la intervención.
— En este comercio ... bien los carretes de fotos.
— En la historia vemos cómo se ... el pueblo francés.
— Es muy difícil ... los secretos más íntimos de uno.
— Si no se lo ... a alguien, no me quedaré tranquilo.

• 28.8. Escriba los adjetivos ordinales de los siguientes números cardinales.

seis	*uno*	*diez*	*veinticuatro*	*trece*
nueve	*cinco*	*quince*	*veintisiete*	*doscientos*
veinte	*tres*	*once*	*ciento cuatro*	*seiscientos*

• 28.9. Redacte frases en las que utilice las siguientes palabras compuestas.

mediodía	*parabrisas*	*guardabarros*	*decimosexto*
tirabuzón	*vicerrector*	*tiralíneas*	*contrafuerte*
guardavía	*contrarrevolución*	*hispanoamericano*	*guardapolvo*

• 28.10. Copie las siguientes frases, en las que aparecen palabras compuestas.

— Esta contraorden debe llegar rápidamente al puesto fronterizo.
— Es muy susceptible y malintencionado.
— Hay gente que tienen un sino desafortunado.
— No vimos ningún guardabosques en todo el trayecto.
— Yo diría que hizo adrede la propuesta.
— Durante el entreacto nos podremos ver en el camerino.

• 28.11. Redacte unas frases en las que use las siguientes expresiones, formadas con palabras que deben utilizarse separadas.

de veras	*de prisa*	*a cuestas*	*por supuesto*
a bulto	*a medias*	*en efecto*	*a deshora*
con todo	*en medio*	*a menudo*	*sobre sí*

FRASES PARA EL DICTADO

Ejercicio 1

— Le nombraron colaborador del Instituto de Cooperación Iberoamericano.
— ¿Y por qué no vas tú a presentar la muestra en Panamá?
— Trepó a aquel árbol por ver si hallaba un nido.
— El militar que presidió el desfile tenía la guerrera llena de condecoraciones.
— En la sala de espera había muchos pacientes esperando.
— El partido de tenis se disputó entre un norteamericano y un sudafricano.
— Considera este dicho: "Quien mucho abarca poco aprieta".
— Catalina de Aragón, que era hija de los Reyes Católicos, fue la primera esposa de Enrique VIII de Inglaterra.
— No me dé más explicaciones, porque sé todo lo que pasó.

Ejercicio 2

— Tuvimos que entrevistarnos con el Vicecónsul de la representación de Noruega en el Puerto de El Callao.
— Ante todo, debo deciros que he venido a potenciar las posibilidades de este Departamento de Informática.
— Se concentró mucho público en las celebraciones.
— Si lo dijo, es porque lo sabe, pues nunca ha pretendido engañarnos.
— A este respecto, te digo que más vale tarde que nunca.
— Presentaré mi propuesta, so pena de que tú hagas una proposición más interesante.
— Cuando hablé con sus hermanos los encontré muy preocupados por su salud.
— Era la primera vez que iba a un juicio, y me impresionaron mucho las togas negras que llevaban puestas los magistrados.
— Aunque lo haya hecho bienintencionadamente, se halla en un error.

TEMA 29

Prefijos latinos.

PREFIJOS LATINOS

ab-abs *(separación)*	ablación, abstracción, abjurar, abstención.
ad *(añadido)*	adjunto, adverso, adherir, adverbio.
ante *(delante)*	anteproyecto, anteponer, antediluviano, antesala.
bi-bis *(dos)*	bisabuelo, bípedo, bilabial, bicéfalo.
circum *(alrededor)*	circunvalar, circunnavegar, circundar, circunferencia.
cum-com-con *(con)*	conciudadano, concatenación, conversación, compadre.
contra *(contra)*	contraponer, contrarrestar, contravenir, contradecir.
des *(privación)*	descortesía, desgracia, desventura, desconsiderar.
dis-di *(separación, negación)*	discernir, disolver, dispersar, difamar.
equi *(igual)*	equivalente, equiparar, equinoccio, equidistante.
ex *(privación, negación)*	excomunión, excampeón, exonerar, exrector.
ex *(fuera, más allá)*	exportar, expulsar, extraer, exponer.
extra *(fuera de)*	extraordinario, extrarradio, extralimitar, extraoficial.
in *(en)*	influir, investidura, informar, innovar.
i-in *(privado de)*	inconveniente, inconsciente, invertir, ilegal.
infra *(debajo)*	infracción, infrahumano, infravalorar, infrarrojos.
inter *(entre)*	interposición, interzonas, intercontinental, internacional.

DICTADO

Ejercicio 1

— Mi bisabuelo habrá vivido muchos años.
— Cuesta mucho trabajo extraer el carbón de las minas.
— Prefiero circunvalar la ciudad, para no pasar tanto semáforo.
— Esta información es extraoficial, pero exportaremos menos.
— No quiero influir en tu decisión de invertir el resultado.
— Fue una descortesía no acudir a su invitación.
— Mis parientes habían vivido en el extrarradio.
— Nunca se debieran infravalorar las cualidades de los demás.
— Debo anteponer mis obligaciones a mis diversiones.
— Le inmovilizarán el brazo con una escayola.

Ejercicio 2

— No tengo inconveniente en acompañarte al cine.
— Te adjunto estas notas, por si te sirven de ayuda.
— Deben disolver la asamblea antes de fin de mes.

— El ganado se dispersó por el monte.
— No quiero extralimitarme en mis obligaciones.
— Te voy a informar de cuál es nuestra situación actual.
— Estuvo muy circunspecto durante la visita.
— Siempre te gusta contradecir a los demás.
— Quiero exponer los motivos de mi abstención.
— Cuando comamos algo, reanudaremos la conversación.

EJERCICIOS INDIVIDUALES

• 29.1. Anote ahora todas las palabras de los ejemplos que han aparecido en las frases del dictado.

• 29.2. Redacte otras frases con las palabras de los ejemplos que no se han practicado en el dictado.

• 29.3. Construya otras palabras, distintas de las que tiene en los ejemplos, con algunos de los diferentes prefijos latinos que se le han presentado, como por ejemplo: con *des* puede construir *desaparecer, desatención, desafortunado*, etcétera.

• 29.4. Redacte unas frases con las palabras que ha escogido.

TEMA 30

Otros prefijos latinos.

OTROS PREFIJOS LATINOS

intra *(dentro)*	intramuros, intravenoso, introducir, intramuscular.
multi *(muchos)*	multicolor, multinacional, multiforme, multiplicar.
omni *(todo)*	omnisciente, omnímodo, omnipotente, omnipresente.
per *(a través)*	perforar, perdurar, percatar, percibir.
post-pos *(después)*	postguerra, posoperatorio, posponer, posdata.
pre *(delante)*	preposición, prevención, predicción, preparar.
pro *(por)*	promover, proclamar, producir, procrear.
re *(de nuevo)*	remediar, recomponer, refinar, revisar.
retro *(hacia atrás)*	retroceder, retrovisor, retrotraer, retrospectiva.
semi *(medio)*	semirrecta, semicurvo, semicírculo, semioval.
sin-sine *(negación)*	sinnúmero, sinrazón, sinsabor, sinvergüenza.
su-sub *(debajo)*	sufijo, subterráneo, subacuático, subdesarrollo.
super-supra *(sobre)*	supranacional, supervalorar, supranormal, superhombre.
tran-trans *(a través de)*	transmitir, transoceánico, tranvía, transiberiano.
ultra *(más allá)*	ultrarrápido, ultravioleta, ultrasonido, ultraterrestre.
vice *(en lugar de)*	vicepresidente, viceministro, viceversa, vicealmirante.
yuxta *(junto a)*	yuxtalineal, yuxtaposición.

DICTADO

Ejercicio 1

— Me percaté enseguida de lo difícil que era la lección.
— El subdesarrollo afecta todavía a muchos países.
— Le regalamos un paraguas multicolor.
— Comenzaron las perforaciones para buscar petróleo.
— Quiero introducir nuevas reformas en la oficina.
— Habremos de posponer este viaje hasta terminar el trabajo.
— La empresa que dirijo me produce un sinnúmero de problemas.
— Los tranvías van desapareciendo de las ciudades.
— Vamos a revisar los tramos perforados esta mañana.
— No siempre se cumplen las predicciones atmosféricas.

Ejercicio 2

— La postguerra es una época penosa para la economía de un país.
— Habrá filtraciones de aguas subterráneas.
— Hay medicaciones de tipo intravenoso o intramuscular.

— Hoy se insiste mucho en la medicina preventiva.
— Se proclamó campeón de los pesos plumas.
— Tenemos sistemas de comunicación ultrarrápidos.
— Dimitió de su cargo de vicepresidente de la compañía.
— No tendremos petróleo suficiente para refinar.
— Los vuelos transoceánicos duran bastantes horas.
— Queremos transmitirte nuestra más cordial felicitación.

EJERCICIOS INDIVIDUALES

• 30.1. Anote ahora las palabras de los ejemplos que han salido en las frases del dictado.

• 30.2. Redacte otras frases con las palabras de los ejemplos que no se han practicado en el dictado.

• 30.3. Construya otras palabras distintas de las que tiene en los ejemplos, con algunos de los diferentes prefijos latinos que se le han presentado, como por ejemplo: con *re* puede construir *reposar, retener, recusar, resentir*, etc.

• 30.4. Redacte unas frases con las palabras que ha escogido.

TEMA 31

Expresiones latinas que se conservan en español.

EXPRESIONES LATINAS QUE SE CONSERVAN EN ESPAÑOL

ab initio	desde el comienzo
ad hoc	expresamente para este fin
ad infinitum	hasta el infinito
ad libitum	libremente, a gusto de cada uno
alma mater	la Universidad, madre del espíritu
alter ego	otro yo, una segunda personalidad
a fortiori	con mayor razón
a priori	previamente
a posteriori	posteriormente
capitis diminutio	despreciado, disminuido en categoría
casus belli	causa o motivo de guerra o discusión
cogito, ergo sum	pienso, luego existo (Descartes)
curriculum vitae	historial o méritos de uno (currículum vitae)
de facto	de hecho
deficit	carencia, cantidad que falta (déficit)
desideratum	lo deseable, lo ideal, el mayor deseo (desiderátum)
ex cathedra	magistralmente, con autoridad de maestro
ex profeso	intencionadamente, únicamente
facsimile	copia idéntica (facsímile)
finis coronat opus	el fin corona la obra
in fraganti	en el mismo momento
lapsus linguae	error involuntario al hablar
magister dixit	habló la ciencia, lo dijo el maestro
memorandum	informe, recopilación (memorándum)
motu proprio	por propia voluntad, espontáneamente
non plus ultra	no más allá
nota bene (N.B.)	observación, aclaración
rara avis	extraño ejemplar o personaje
sine die	sin fecha fija
statu quo	situación determinada, en el estado actual
sub judice	bajo tratamiento judicial, pendiente de resolución
ultimatum	última posibilidad, último plazo (ultimátum)
vox populi	opinión popular o generalizada, del dominio público

EJERCICIOS PRÁCTICOS

- 31.1. Copie de nuevo cada una de las expresiones latinas de esta relación, para que se familiarice con la ortografía correcta de cada una de ellas.

- 31.2. Repase la relación que ha escrito e intente recordar el significado de cada expresión. Si es necesario, realice el repaso mirando la traducción que tiene en el texto.

- 31.3. Redacte algunas frases utilizando diferentes expresiones latinas de entre las que presentamos en la relación.

FRASES DE DICTADO

— Quisieron hacerme aquella broma *ex profeso.*
— Los representantes para la asamblea pueden escogerse *ad libitum.*
— Cambiaron el reglamento, pero *de facto* todo siguió igual.
— Este tema ya está descartado *a priori.*
— Tenía un *currículum* muy extenso e interesante.
— No es conveniente hacer un *casus belli* de este problema.
— Se comprobó *a posteriori* que estábamos acertados.
— Es *vox populi* que ganaremos las elecciones.
— Le pillamos *in fraganti* cuando se llevaba un libro.
— Enviaremos un *memorándum* sobre la situación del campo.

COMPLETAR FRASES

- 31.4. Escriba de nuevo estas frases, pero sustituya las palabras que se le presenten entre paréntesis por una expresión latina de las que se ofrecen en la relación de este tema.

— Nadie pareció asustarse, porque *(de hecho)* todos siguieron riendo.
— La redacción tiene una temática que puede desarrollarse *(libremente).*
— En el balance había una *(carencia)* considerable.
— Cuando leyeron mi *(historial)* me aceptaron para el puesto.
— *(Posteriormente)* todos nos convencimos de que era verdad.
— Me arreglé *(expresamente)* para asistir a esa cena.
— Sus afirmaciones fueron una provocación y un *(motivo de discusión).*
— Se marchó de la fiesta *(por propia voluntad)* y sin discusiones.
— La equivocación en el discurso fue un *(error involuntario).*
— La entrega de la mercancía se hará *(sin fecha fija).*

TEMA 32

Otras expresiones latinas usadas por especialistas.

OTRAS EXPRESIONES LATINAS USADAS POR ESPECIALISTAS

ab aeterno	desde muy antiguo
ab intestato	sin testamento
accesit	segundo premio (accésit)
ad calendas graecas	para un tiempo que nunca llegará
ad pedem litterae	al pie de la letra
consummatum est	todo se ha acabado
coram populo	ante la multitud
de jure	de derecho
de visu	de vista (testigo de)
dura lex, sed lex	la ley es dura, pero es ley
ergo	por tanto; luego
ex abrupto	arrebatada, bruscamente (exabrupto)
ex libris	de los libros de, que pertenece a
fiat lux	hágase la luz
habeas corpus	derecho del detenido a ser oído
ibidem	allí mismo (ibídem)
in albis	en blanco, sin nada
in articulo mortis	en el último extremo
in illo tempore	en aquella época (in illo témpore)
in medio virtus	la virtud se halla en el medio
in partibus infidelium	en países de infieles
in perpetuum	perpetuamente; para siempre
intelligenti pauca	a buen entendedor, pocas palabras
inter nos	entre nosotros
inter vivos	entre vivos
ipso facto	en el acto; por el mismo hecho
ipso jure	por la naturaleza de la ley
manu militari	por la fuerza armada, militarmente
mare magnum	confusión de asuntos
modus vivendi	modo de vivir
mutatis mutandis	cambiando lo que se deba
nihil novum sub sole	nada hay nuevo bajo el sol
per accidens	accidentalmente
per se	por sí mismo
per saecula saeculorum	por los siglos de los siglos
quid pro quo	una cosa por otra
quod scripsi, scripsi	lo escrito, escrito está

sine qua non	condición sin la cual no
sui g eneris	muy especial
supera vit	exceso (superávit)
urbi et orbe	a los cuatro vientos, en la ciudad y en la tierra
ut supra	como arriba
veni, vidi, vinci	llegué, vi, vencí
verbi gratia (o verbigracia)	por ejemplo

EJERCICIOS PRÁCTICOS

- 32.1. Copie de nuevo cada una de las expresiones latinas de esta relación, para que se familiarice con la ortografía correcta de cada una de ellas.

- 32.2. Repase la relación que ha escrito e intente recordar el significado de cada expresión. Si es necesario, realice este repaso utilizando la traducción que le ponemos en el texto.

- 32.3. Redacte algunas frases —al menos diez— en las que utilice algunas de las expresiones latinas que se le presentan en esta relación.

TEMA 33

Las conjugaciones verbales. El verbo caber. El verbo beber.

LAS CONJUGACIONES VERBALES

EL VERBO CABER

MODO INDICATIVO

Presente	quepo, cabes, cabe, cabemos, cabéis, caben
Pret. Perf.	he cabido, has cabido,... han cabido
Pret. Imp.	cabía, cabías, cabía, cabíamos, cabíais, cabían
Pret. Plus.	había cabido,... habíamos cabido,... habían cabido
Pret. Indef.	cupo, cupiste, cupo, cupimos, cupisteis, cupieron
Pret. Anter.	hube cabido,... hubisteis cabido, hubieron cabido
Fut. Imp.	cabré, cabrás, cabrá, cabremos, cabréis, cabrán
Fut. Perf.	habré cabido,... habrá cabido,... habrán cabido
Condic. Simp.	cabría, cabrías, cabría, cabríamos, cabríais, cabrían
Condic. Comp.	habría cabido, habrías cabido,... habrían cabido

MODO SUBJUNTIVO

Presente	quepa, quepas, quepa, quepamos, quepáis, quepan
Pret. Perf.	haya cabido,... hayamos cabido,... hayan cabido
P. Imp. 1ª f.	cupiera, cupieras, cupiera, cupiéramos,... cupierais, cupieran
P. Imp. 2ª f.	cupiese, cupieses, cupiese, cupiésemos, cupieseis, cupiesen
P. Plus. 1ª f.	hubiera cabido,... hubierais cabido, hubieran cabido
P. Plus. 2ª f.	hubiese cabido,... hubiésemos cabido,... hubiesen cabido
Fut. Imp.	cupiere, cupieres, cupiere, cupiéremos, cupiereis, cupieren
Fut. Perf.	hubiere cabido,... hubiereis cabido, hubieren cabido

MODO IMPERATIVO

Presente	cabe tú, cabed vosotros

FORMAS NO PERSONALES

Infinitivo Simple	caber
Infinitivo Compuesto	haber cabido
Gerundio Simple	cabiendo
Gerundio Compuesto	habiendo cabido
Participio Simple	cabido

EL VERBO BEBER

MODO INDICATIVO

Presente	bebo, bebes, bebe, bebemos, bebéis, beben
Pret. Perf.	he bebido, has bebido,... han bebido
Pret. Imp.	bebía, bebías, bebía, bebíamos, bebíais, bebían
Pret. Plus.	había bebido,... habíamos bebido,... habían bebido
Pret. Indef.	bebí, bebiste, bebió, bebimos, bebisteis, bebieron
Pret. Anter.	hube bebido,... hubisteis bebido, hubieron bebido
Fut. Imp.	beberé, beberás, beberá, beberemos, beberéis, beberán
Fut. Perf.	habré bebido,... habrá bebido,... habrán bebido
Condic. Simp.	bebería, beberías, bebería, beberíamos, beberíais, beberían
Condic. Comp.	habría bebido, habrías bebido,... habrían bebido

MODO SUBJUNTIVO

Presente	beba, bebas, beba, bebamos, bebáis, beban
Pret. Perf.	haya bebido,... hayamos bebido,... hayan bebido
P. Imp. 1ª f.	bebiera, bebieras, bebiera, bebiéramos, bebierais, bebieran
P. Imp. 2ª f.	bebiese, bebieses, bebiese, bebiésemos, bebieseis, bebiesen
P. Plus. 1ª f.	hubiera bebido,... hubierais bebido, hubieran bebido
P. Plus. 2ª f.	hubiese bebido,... hubiésemos bebido,... hubiesen bebido
Fut. Imp.	bebiere, bebieres, bebiéremos, bebiereis, bebieren
Fut. Perf.	hubiere bebido,... hubiereis bebido, hubieren bebido

MODO IMPERATIVO

Presente	bebe tú, bebáis vosotros

FORMAS NO PERSONALES

Infinitivo Simple	beber
Infinitivo Compuesto	haber bebido
Gerundio Simple	bebiendo
Gerundio Compuesto	habiendo bebido
Participio Simple	bebido

EJERCICIOS PERSONALES

- 33.1. Escriba el presente de subjuntivo del verbo **caber**.

- 33.2. Escriba el condicional simple del verbo **caber**.

- 33.3. Escriba el futuro imperfecto de indicativo del verbo **caber.**

- 33.4. Escriba la primera forma del pretérito pluscuamperfecto de subjuntivo del verbo **caber.**

- 33.5. Escriba el futuro perfecto de subjuntivo del verbo **caber.**

- 33.6. Escriba el presente de indicativo del verbo **beber.**

• 33.7. Escriba el pretérito indefinido del verbo **beber.**

• 33.8. Escriba el pretérito anterior del verbo **beber.**

• 33.9. Escriba la segunda forma del pretérito imperfecto de subjuntivo del verbo **beber.**

• 33.10. Escriba el futuro imperfecto de subjuntivo del verbo **beber.**

• 33.11. Escriba el gerundio compuesto del verbo **caber** y del verbo **beber.**

• 33.12. Escriba el imperativo del verbo **caber** y del verbo **beber**, teniendo en cuenta sólo el singular y el plural de la segunda persona, pues son las dos únicas formas que reconoce la Real Academia de la Lengua.

• 33.13. Redacte una frase con cada una de las formas del verbo **caber** que tiene a continuación.

quepas	*cupiste*	*cabíamos*
cupe	*cupo*	*cupiéramos*
cabrás	*quepáis*	*cabríais*
quepo	*quepamos*	*cupiésemos*
cabía	*cabrán*	*cabríamos*

cabiendo	*habríais cabido*
hube cabido	*hubieseis cabido*
hayan cabido	*habrían cabido*
habíais cabido	*hubiéramos cabido*
hubieron cabido	*hubieran cabido*

• 33.14. Anote, igualmente, una frase en la que incluya cada una de las siguientes formas verbales de **beber.**

bebe	*bebo*	*bebisteis*
bebí	*bebiese*	*bebáis*
bebía	*beben*	*bebieres*
beberás	*bebas*	*bebiésemos*

hayas bebido	*habían bebido*
han bebido	*hubieron bebido*
hubisteis bebido	*hubieseis bebido*
habremos bebido	*hubiéremos bebido*
habrías bebido	*hubiéramos bebido*

DICTADO DE FRASES

Ejercicio 1

— Bébetelo de una vez, para que aprecies su calidad.
— Bebo un vaso de buen vino que ha vendimiado hace un año.
— No cabrán más cajas en el almacén, a no ser que las coloques más juntas.
— Beberíamos más vino, pero ya se acabó el que trajimos.

— No debería beber más, pero me apetece porque hace mucho calor.
— Si hubiera cabido en el carro, no habríamos necesitado hacer otro viaje para completar el traslado.
— Nos recomendaron que bebiésemos ese vino, pues pertenece a una cosecha excepcional.
— No le quepa la menor duda de que venimos con ganas de trabajar.
— Cabríais todos en la expedición, si os hubierais inscrito con tiempo.
— Bébase este jarabe que le recetó el médico para la faringitis.

Ejercicio 2

— Dudo que quepáis todos en la parte delantera del vagón del tren.
— No beberé más pisco, porque puede hacerme daño al hígado.
— Iré con vosotros a la excursión, si es que quepo en el autobús.
— No creo que hayas bebido nunca una combinación de licores tan exquisita.
— En este otro teatro habría cabido mucha más gente y el éxito hubiese sido mayor.
— Si no hubiéramos bebido tanto, ahora podríamos ir también a probar los caldos de esta otra bodega.
— Cupo en el avión todo el material de socorro que se enviaba a la zona arrasada por la riada.
— Deberías beber este jugo de frutas, porque es muy sabroso.
— Hizo que cupiésemos en la lista de candidatos a los puestos directivos.
— Esperemos que quepan en este salón todas las autoridades invitadas al evento.

TEMA 34

Actividades de evaluación parcial. Número 5.

• 34.1. Redacte unas frases con las palabras que se le sugieren y que están formadas con algún prefijo latino.

con el prefijo **ab-abs**	*absolver, absorber, abstención*
con el prefijo **ad**	*advenimiento, advertir, advocación*
con el prefijo **bi**	*bicicleta, binomio, biplano*
con el prefijo **com-con**	*compulsar, conversar, confiar*
con el prefijo **des**	*deshilar, desaprobar, deshilvanar*

• 34.2. Copie las siguientes expresiones que contienen alguna palabra formada con un prefijo latino.

quiso interponer un recurso	*no se debe exceder en sus funciones*
me hizo exclamar airado	*hay chozas en el extrarradio*
será un deshonor bochornoso	*decidieron exportar plátanos*
sirve el pavo deshuesado	*puso toda clase de inconvenientes*

• 34.3. Redacte una frase con cada una de las siguientes palabras que contienen un prefijo latino.

invicto	*inverosímil*	*inmóvil*	*infección*
inflexible	*inexpugnable*	*insoluble*	*infalible*
investidura	*invertebrado*	*intocable*	*insolvente*

• 34.4. Anote unas frases utilizando las palabras presentadas y que están formadas con estos otros prefijos latinos.

con **per**	*perjuicio, perfumar, permitir*
con **post**	*postmeridiano, postdiluviano, postfecha*
con **pre**	*preámbulo, precampeón, precinto*
con **re**	*retener, recambio, reducir*
con **sub**	*subordinar, subcomisión, subdelegado*
con **super**	*superviviente, superponer, superdominante*
con **trans**	*transfusión, translúcido, transformar*

• 34.5. Copie las siguientes frases, subrayando en cada una las palabras que considere compuestas con un prefijo latino.

— Es imposible inmovilizar toda la circulación del extrarradio.
— Introdujo un capítulo más en el libro del mundo submarino.
— No consiguieron disolver todo el ácido en ese compuesto químico.
— Multiplicarán el cociente por el número que dé la ecuación.

— Dispersaron la manifestación con la excusa de una insignificante infracción.
— Se percató de todo cuando ya estaba rehecho el tambor.
— Haremos un viaje interoceánico para circunvalar la tierra.
— Dijo que preparásemos a la paciente para el postoperatorio.
— Antepuso sus intereses a las necesidades internacionales.
— Revisaron la recámara y no encontraron nada anormal.

• 34.6. Explique el significado de las siguientes expresiones latinas, anotándolo junto a cada expresión cuando las copie.

alma mater	*finis coronat opus*	*magíster dixit*
ex profeso	*a posteriori*	*lapsus linguae*
ad hoc	*currículum vitae*	*ad libitum*

• 34.7. Construya una frase utilizando cada una de las siguientes expresiones latinas.

in fraganti	*de facto*	*casus belli*
alter ego	*memorándum*	*ultimátum*
motu propio	*a priori*	*desiderátum*

• 34.8. Copie las siguientes frases y subraye las expresiones latinas que se están introduciendo en cada frase.

— Murió ab intestato y ahora sus hijos están promoviendo una declaración de herederos.
— No consiguió el primer premio, pero le concedieron el accésit.
— Sería imposible cumplir ad pedem litterae la letra menuda de la ley.
— Estuvimos en el juzgado y nos dieron un requerimiento de habeas corpus.
— Le robaron todo y le dejaron in albis, así que comenzará de nuevo.
— Eso es muy antiguo, son cosas de in illo témpore.
— Dicho así, inter nos, puedo asegurarte que es absolutamente cierto.
— Después de muchos oficios, encontró su modus vivendi montando un restaurante.
— Ésta será la condición sine qua non para aceptar cualquier puesto en el Gobierno.
— El Papa dio la bendición urbi et orbe desde la Plaza de San Pedro.

FRASES PARA EL DICTADO

Ejercicio 1

— Podremos extender un salvoconducto para que vaya sin problemas.
— Si haces una división, a fortiori sabrás hacer esta multiplicación.
— Su Excelencia el Embajador de Bolivia hizo la inauguración del Salón de Primavera.
— Estos errores han de ser subsanables en lo sucesivo.
— Sólo analizaremos este caso y el subsiguiente.
— Se demostró la inculpabilidad del acusado, y la causa fue sobreseída.
— El flemón había causado una úlcera crónica.
— Es una práctica que ya está en desuso.

Ejercicio 2

— Necesitamos funcionarios absolutamente incorruptibles, si queremos prevenir el fraude fiscal.
— Se hizo famoso el Presidente por no ponérsele nada por delante.
— Deseo invocar a tu benevolencia para que te compadezcas del infortunio.
— Quedó subrayado suficientemente durante toda la intervención.
— Tenemos interés en conocer una plantación de cáñamo.
— Ha tomado una decisión irrevocable, y no se volverá atrás de ella.
— Conocido el resultado, es fácil dar a posteriori una solución.
— El hombre es el animal que nace más desvalido y tiene la más larga dependencia de los progenitores.

Ejercicio 3

— Transportarán estos tornos y estas fresadoras a la fábrica de componentes.
— La expropiación de los terrenos la hará el Estado, cuando se lo autorice la Cámara de Diputados.
— Enviaré una transferencia bancaria por medio del Banco Inmobiliario.
— La supervivencia en el Ártico es difícil y muy sacrificada.
— Me gustaría revelar todo el confusionismo que rodea la muerte de la Duquesa Anastasia, la hija menor de los últimos zares de Rusia.
— El viceministro también influyó con el memorándum enviado.
— Llegaron a la final un equipo alemán y otro francés.

TEMA 35

Prácticas de evaluación global.

REPASO PARA LAS PRECEDENTES ACTIVIDADES DE EVALUACIÓN PARCIAL

• 35.1. Divida las siguientes palabras en sílabas; anote junto a cada palabra si es *aguda, llana, esdrújula* o *sobreesdrújula* y aplique la tilde a las que la necesiten.

diafano	*hostal*	*amistad*	*hotel*
hosteria	*medula*	*inclusion*	*corsario*
aficion	*hospital*	*cantaro*	*electrico*
tactil	*patogeno*	*gravitacion*	*celofan*
piromano	*integral*	*polvoron*	*cinematografo*
feliz	*afonia*	*arbol*	*bibliofilo*

• 35.2. Anote en plural las siguientes palabras, teniendo en cuenta la colocación de la tilde, cuando sea necesaria.

fácil	*país*	*peor*	*reloj*
café	*común*	*bondad*	*poesía*
bastón	*nuez*	*función*	*sofá*
lunes	*espíritu*	*avión*	*región*
berbiquí	*nivel*	*romántico*	*maniquí*
árbol	*mármol*	*león*	*corcel*

• 35.3. Redacte una frase con cada una de las siguientes palabras.

cubrían	*contenías*	*permanecía*	*infundía*
teoría	*bahía*	*gestoría*	*abogacía*
reíamos	*vivía*	*corregían*	*dormía*

• 35.4. Anote las siguientes frases y aplique la tilde en las palabras monosílabas que por su función gramatical deban llevarla, al igual que en las partículas interrogativas y admirativas.

— ¿Cuantos miembros de la coral quieren venir de gira?
— Este te es importado, porque es una variedad japonesa que se llama te verde.
— Solo te digo que no es conveniente que el vaya solo.
— Ya veremos donde metemos todos estos libros de lingüística.
— Comentan que yo se la opción decidida por el Rector.
— De esta foto de la casa de mi tio al arquitecto de la Fundación.
— Dime que excusa dio para justificar su ausencia.
— Para este estudio se necesita aun mas experiencia que la de el.

— No le envidio, porque recaerá sobre si una ingente tarea de gobierno.
— ¿Cuando debe volver a hacerse un nuevo chequeo médico?

• 35.5. Coloque correctamente, según corresponda, **a ver** o **haber** en las siguientes frases.

— Vamos ... el desfile de modelos.
— Va ... que comprar este mechero.
— Acércate ... si viene tu hermano.
— Creo ... terminado el ejercicio.
— Este año vamos ... una buena corrida de toros.
— Puede ... muchos espectadores hoy.
— Me gustaría ir ... el partido.
— ... si tienes suerte en la competición.
— Vete ... si ya llegó el autobús.
— Tiene que ... un resto de retazo.

• 35.6. Redacte una frase con cada una de las siguientes palabras compuestas.

extrovertido *fueraborda*
turborreactor *retrovisor*
sudamericano *correveidile*
grecorromano *vicecónsul*
cortafuegos *norteamericano*

• 35.7. Copie las siguientes frases en las que aparecen palabras compuestas.

— Estuvo sobrehilando la falda después de cortarla.
— Se traía un extraño tejemaneje.
— Pusimos un contrapeso para equilibrar la balanza.
— Escribiremos un trabajo acerca de la Conquista de América.
— Compré un apartamento en el entresuelo de aquel edificio.
— Había un sinfín de ídolos en la cueva.
— Antenoche fuimos a ver un espectáculo alucinante.
— Mañana visitaré al Vicepresidente del Gobierno.
— En este paso a nivel no hay guardabarreras.
— Trae el limpiauñas que tengo en la bolsa de aseo.

• 35.8. Subraye todas las palabras compuestas que ha copiado en el ejercicio anterior.

• 35.9. Redacte frases con las siguientes palabras que contienen algún prefijo latino.

contracción *exceder* *excavar*
deshacer *imposible* *controvertir*
convocar *extraviar* *descubierta*
conllevar *invocar* *desprovisto*
congénere *inactivo* *incoherencia*

• 35.10. Copie las siguientes frases, observando las palabras que contienen algún prefijo latino en su formación.

— Quisieron provocar una pelea para producir alboroto.

— Era imposible precaver todas las incidencias posibles.
— Da la impresión de ser un individuo prepotente que siempre quiere preponderar.
— Y ahora proceda a proclamar el vencedor de la prueba.
— No te arriesgues a hacer una predicción del tiempo demasiado comprometida.
— Le pusieron para que pudiera prevenir cualquier imprevisto.
— Tuvo en cuenta la precesión de los equinoccios que anticipa el inicio de las estaciones.
— Hizo una remodelación de toda la estructura para reducir costos.
— Entregó todas sus pertenencias para afrontar la deuda.
— Pretende poner una preposición que es innecesaria ahí.

• 35.11. Subraye todos los prefijos del ejercicio anterior.

• 35.12. Construya frases con las siguientes palabras, que están formadas inicialmente con un prefijo latino.

peróxido	*preclaro*	*procurar*
predestinar	*perturbar*	*precautorio*
preceder	*predeterminar*	*perversión*
programa	*precolombino*	*predilecto*
predecir	*prohombre*	*preconcebir*

• 35.13. Copie las siguientes frases y subraye las expresiones latinas que encuentre en cada frase.

— Me han solicitado un currículum vitae para adjuntarlo a la solicitud.
— No creo posible hacer un casus belli de este contencioso.
— Cabe darle un ultimátum para que reconsidere su postura.
— Era vox populi que bebía demasiado por las noches.
— Le pescaron in fraganti porque no cabía por el agujero.
— Prepara un memorándum sobre las bebidas alcohólicas.
— No podemos llevar la subdivisión ad infinitum.
— Es el alma máter de todos los universitarios egresados.
— Habló mucho, pero de facto no ha dicho nada sustancioso.
— Sin que nadie le conminara, hizo unas declaraciones motu proprio.

• 35.14. Construya frases con cada una de las siguientes expresiones latinas.

inter nos	*ultimátum*
sine die	*a fortiori*
ab intestato	*ipso facto*
de jure	*per accidens*
in albis	*modus vivendi*

• 35.15. Copie las siguientes expresiones latinas y explique el significado de cada una.

sine qua non	*quid pro quo*
ex abrupto	*mutatis mutandi*
coram populo	*in artículo mortis*
in medio virtus	*manu militari*
sui generis	*inter vivos*

FRASES PARA EL DICTADO

Ejercicio 1

— Nos encontramos con un informe realizado ad hoc para el vicealmirante.
— Le recomendaron inmovilidad absoluta, si quería que soldaran las costillas sin necesidad de enyesarle.
— La impresión no le dejaba reírse a sus anchas.
— Hay personas que toman una sobrealimentación nada beneficiosa para su salud.
— Sería una incorrección proclamarlo a los cuatro vientos.
— En la asamblea de mañana habrá muchas sugerencias.
— No creo que haya llegado, porque no ha llamado todavía.
— Le dieron la bienvenida de forma fría, pero cortés, en un ambiente tenso.
— Compró una edición facsímile de la original del libro El Ingenioso Hidalgo Don Quijote de la Mancha.

Ejercicio 2

— Se encontró en el Ministerio con un déficit de millones de dólares.
— Tuvieron muchos contratiempos en el viaje que acababan de realizar.
— ¿Cuándo se acabará esta lección tan monótona?
— Salía del hotel vestido con el traje de luces, porque iba a la plaza de toros para torear en una corrida.
— La Iglesia Católica habla de la inviolabilidad concedida a los templos en las épocas antiguas.
— Yo le decía que por qué conformarse con esos resultados.
— En algunos países hay niños dedicados al trabajo de limpiabotas.
— Por la fachada que da al Este hay un ventanal precioso.
— El submarino hizo una singladura transoceánica.
— Hubiéramos hallado antes el cadáver, si hubieseis hablado entonces.

TEMA 36

El uso de la M. Otros usos de la M.

EL USO DE LA M

- Delante de **p** y de **b** siempre se escribe **m** y nunca **n**.

EJEMPLOS DE MP Y DE MB

ambos	*hambre*	*también*	*lámpara*	*empleo*	*romper*
templo	*hombre*	*ímprobo*	*gamba*	*campana*	*membrillo*
compota	*hombro*	*bomba*	*bombilla*	*campeón*	*imponer*
comparsa	*hembra*	*tampoco*	*embrollo*	*limpio*	*impío*

DICCIONARIO

ambos: uno y otro, los dos
impío: falto de piedad, irreligioso
embrollo: enredo, trampa
membrillo: fruta de sabor áspero
compota: postre dulce hecho de frutas
ímprobo: trabajo excesivo y continuado
gamba: una variedad de camarón, sin ser langostino
comparsa: actor secundario en el teatro; o grupo de titiriteros
imponer: obligar a otro a alguna cosa; dar u otorgar

DICTADO

— A los bomberos ayudaron también los hombres del pueblo.
— En la extinción del incendio trabajaron ambos hombro con hombro.
— Tampoco se olvidó el empleo de la bomba de agua para impedir que el fuego llegara al templo.
— Tenemos que cambiar las bombillas de las lámparas que se rompieron con el embrollo.
— El redoble del tambor emulaba el ruido del estampido de la bomba.
— El campeón ambiciona imponerse al aspirante.
— Hicimos una compota de membrillo exquisita, que se parecía al dulce de guayaba.
— Hay que impedir que cunda la impaciencia, aunque ya llevan muchos días pasando hambre.

OTROS USOS DE LA M

- Al final de algunas palabras, como:

álbum *ídem*

- Al final de sílaba, cuando la siguiente sílaba empieza por **na, ne, ni, no**; aunque hay varias excepciones, como perenne, innovar, ennoblecer, etc.

*inso**mn**io* *o**mn**ívoro* *a**mn**istía*

- Suele ir **n** delante de la sílaba **nu**.

*si**nn**úmero* *i**nn**umerable*

EJEMPLOS

indemnizar	*alumno*	*solemne*
columna	*omnipotente*	*calumnia*
ómnibus	*gimnasia*	*amnesia*
insomnio	*indemne*	*himno*
omnívoro	*somnolencia*	*amnistía*

DICCIONARIO

indemnizar: resarcir de algún daño
indemne: libre de algún daño
ómnibus: autobús público para muchas personas
amnistía: perdón general
amnesia: pérdida de la memoria
omnívoro: animal que puede comer de todo

DICTADO

— El golpe en la cabeza le había causado una amnesia temporal.
— Se celebraron solemnes actos por la llegada del Presidente.
— Es una calumnia que han lanzado para desprestigiarle.
— Estos animales son herbívoros, y esos omnívoros.
— Es tan fuerte y poderoso, que pareciera omnipotente.
— Practicando la gimnasia se fortalece el cuerpo.
— Hay que indemnizar los desperfectos causados por el accidente.
— En esta clase hay muy pocos alumnos.
— Los antibióticos me están provocando somnolencia.
— Las columnas de esta edificación son muy altas y compactas.

TEMA 37

El uso de la B.

EL USO DE LA B (1ª parte)

- Los infinitivos de los verbos terminados en **-bir** y todos los tiempos de estos verbos.

recibir	*percibir*	*prohibir*	*escribir*
recibimos	*percibes*	*prohibirá*	*escribió*

- Se exceptúan los verbos **hervir, servir, vivir** y los derivados de éstos.

rehervir	*servidor*	*desvivir*

- El imperfecto de indicativo del verbo **ir.**

iba	*ibas*	*iba*
íbamos	*ibais*	*iban*

- En toda palabra que la **b** vaya delante de consonante.

subvención	*objetivo*	*habría*

EJEMPLOS

obvio	*concebir*	*abstracción*	*cohibir*
exhibir	*cabría*	*escribir*	*abjurar*
subjuntivo	*subir*	*brazo*	*prohibir*
inscribir	*obstruir*	*inhibir*	*noble*
obstáculo	*percibir*	*subsuelo*	*suscribir*

DICCIONARIO

obvio: evidente
abjurar: renegar de algo
obstruir: taponar y obstaculizar algo
concebir: crear o idear alguna cosa
obstáculo: impedimento
exhibir: mostrar ostentosamente
cohibir: refrenar, reprimir, contener
inhibir: suprimir una actividad o desentenderse de algo

DICTADO

— Es obvio que eso es así y no tiene vuelta de hoja.
— Se inscribió en un concurso, porque necesitaba el dinero.
— El paso está obstruido y no se puede pasar al submarino.
— El subsuelo no está formado de silicatos y aluminio.
— Está prohibido pasar por allí, pero podrás hacerlo por aquí.
— Frena rápidamente, que veo un obstáculo ahí enfrente.
— No se puede concebir una coreografía tan insulsa.
— No creo que cupiera por el agujero por el que se pensaba escabullir.
— Los nobles dominaban a los siervos en la Edad Media.
— El muchacho estaba cohibido entre señores venerables.

USO DE LA B (2ª parte)

- En el pretérito imperfecto de indicativo de los verbos de la primera conjugación.

llevaban *jugaba* *callábamos* *cantabas*

- Las palabras que empiezan con **al**.

alba *almíbar* *albañil* *alfabeto*

Se exceptúan:

altavoz *altivez* *alvéolo* *Álvaro*

- Se mantiene la **b** en los prefijos **ab-, ob-, sub- y bis-**.

subjuntivo *abjurar* *obtener* *obstruir*

EJEMPLOS

abdicar	*vendábamos*	*alboroto*	*hallabais*
caminaba	*absoluto*	*hojeaba*	*obsequio*
albacea	*obtuso*	*absurdo*	*bordábamos*
olvidábamos	*alberca*	*abogaba*	*albóndiga*
abnegado	*valorabais*	*absorber*	*hilaban*
albaricoque	*absolver*	*albarda*	*ábside*
obcecación	*albedrío*	*absolución*	*albornoz*
albergue	*objetivo*	*alcoba*	*objección*
objetivo	*amabas*	*obtener*	*álbum*

DICCIONARIO

albaricoque: fruta más pequeña que el durazno o melocotón
abdicar: dejar el trono al heredero
albacea: el que hace cumplir un testamento
obcecación: obstinación en algo
obtuso: se dice de persona obstinada y obcecada
albarda: instrumento o apero que usan las caballerías
albóndiga: comida hecha con bolas de carne molida

ábside:	forma especial del presbiterio en templos góticos y románicos
absolver:	perdonar o condonar pena o pecado
absorber:	beber o chupar algo

DICTADO

— Este escándalo ha sido un aldabonazo en el contorno.
— La alberca fue limpiada ayer, para que podáis bañaros.
— Hay que reparar el ábside de la iglesia y dejarlo limpio.
— Nos bañábamos en la piscina del albergue.
— Es absurdo obtener carbón en una mina tan poco rentable.
— El albaricoque está en almíbar y embotellado.
— Tomó una resolución, el albacea, que no me satisfizo en absoluto.
— El gentío promovió un alboroto y obstruyó el tráfico.
— Debes hacer los deberes con limpieza, para obtener buenas calificaciones.
— Este hombre ha pasado frío en la alcoba.

USO DE LA B (3ª parte)

• Las palabras que comienzan por **bu-**, **bur-**, **bus-**, **bibl-**, **abu-** y **abo-** (menos avocar), como:

butaca	*burgués*	*buscar*
biblioteca	*abusar*	*abolir*

• Las palabras que empiezan por **bie-** o se componen de **bene** (del latín, bien), menos Viena, viento, viendo y vientre.

bienal	*bien*	*bienandanza*

• Los infinitivos y formas de los verbos terminados en **-aber** (con la excepción de *precaver*).

saber	*caber*	*haber*

EJEMPLOS

abombado	*bujía*	*bula*	*búfalo*
buque	*bibliotecario*	*burla*	*bufete*
bienestar	*bienio*	*busto*	*buñuelo*
burdo	*buscapié*	*burro*	*bibliófilo*
bienhechor	*bienvenida*	*buscavidas*	*buscapleitos*
burlón	*bursátil*	*bienvivir*	*bienquerer*

DICCIONARIO

abombado:	curvado y arqueado
bienal:	que dura o se produce cada dos años
bienhechor:	que hace el bien a otro
bienvenida:	parabién por la llegada feliz
bujía:	luz o vela pequeña o chispero en un motor

burdo: basto, tosco
bursátil: relativo a operaciones de bolsa
bulbo: parte de la raíz en algunas plantas
bufón: gracioso en obras y ambientes cortesanos antiguos, truhán que se ocupa en hacer reír

DICTADO

— El burro dio un golpe al latón y lo dejó abombado.
— El buque ha sido reparado para obtener mayor rendimiento.
— No está bien lo que has hecho ahora en el bufete.
— Los burgueses eran los que vivían en los burgos o ciudades.
— Sea usted bienvenido a esta biblioteca de la que es bienhechor.
— La burbuja alborotó las tranquilas y limpias aguas de la alberca.
— En el último bienio hemos triplicado la actividad bursátil.
— Ese busto de mármol fue la burla de todos los visitantes.
— Iremos a un abogado responsable, y no a un buscapleitos.
— Evitemos hacer burla de nuestros semejantes.

USO DE LA B (4ª parte)

• Las palabras que acaban en **-bundo, -bunda** y **-bilidad**, menos *movilidad* y *civilidad.*

tremebundo *nauseabundo* *convertibilidad*
vagabundo *abunda* *viabilidad*

• Los verbos terminados en **-buir**:

atribuir *imbuir* *distribuir* *contribuir*

• Las palabras que principian por **bea-**, salvo las formas verbales *vea, veas, veamos, veáis, vean.*

beatitud *beato* *Beatriz*

• Las voces finalizadas en **-ílabo, -ílaba**.

monosílabo *polisílaba*

• Los infinitivos y todas las formas de los verbos **beber**, **deber**, **caber**, **haber** y **saber**.

• Los compuestos y derivados de voces que llevan esta letra.

contrabando *abanderado* *embolsar*

• Muchas de las palabras que comienzan por **es-**.

esbirro *esbozar* *estribillo*

Hay las siguientes excepciones.

esclavo	*eslavo*	*esclavitud*
estival	*esquivar*	*espolvorear*

EJEMPLOS

espabilar	*amabilidad*	*esbelto*
furibundo	*meditabundo*	*errabundo*
escabeche	*tremebundo*	*moribunda*
debilidad	*escabullir*	*durabilidad*
pudibundo	*contabilidad*	*escribano*
escoba	*vagabundo*	*escarbar*
responsabilidad	*escribir*	*estabilidad*
estribación	*posibilidad*	*estrambótico*
respetabilidad	*escabel*	*retribuir*
impasibilidad	*escarabajo*	*nauseabundo*
eslabón	*notabilidad*	*imperturbabilidad*

DICCIONARIO

escabel: banquillo para apoyar los pies
estrambótico: estrafalario, extravagante
eslabón: anillo de una cadena
escabeche: salsa y adobo con vinagre, hojas de laurel y otros ingredientes, para conservar los pescados y otros manjares
escabullir: escapar subrepticiamente
tremebundo: espantable, horrendo, que hace temblar
vagabundo: que anda errante
nauseabundo: que causa náuseas
pudibundo: que se escandaliza con cualquier cosa
errabundo: que va de un lugar a otro como vagabundo

DICTADO

— La ciencia no puede hacer nada con este moribundo.
— Repítame el estribillo de esa canción tan notable.
— Tiene gran estabilidad, firmeza y permanencia en su estado de ánimo.
— Pon el pescado en escabeche, pues hay posibilidad de conservarlo.
— Este pescado despide un olor nauseabundo.
— Debemos comprar otra escoba, y ésa es tu responsabilidad.
— Es muy inconstante, y destaca por la volubilidad de su carácter.
— Ha esbozado una sonrisa y se ha espabilado.
— Esos cuadros que exponen en la galería son tremebundos.
— Es muy esbelto, y resulta el blanco de muchas miradas.

TEMA 38

El uso de la V.

EL USO DE LA V (1ª parte)

- Después de **b, d** y **n**.

subversivo *advertir* *advenedizo* *envío*

- Las palabras cuya primera sílaba es **ad**.

adversario *adversidad* *advocación*

- Después de las sílabas **le** y **di** (menos *dibujo, lebeche, lebení y mandíbula*).

levadizo *divorcio* *levita*

- Las palabras que terminan en **-venir**.

convenir *prevenir* *sobrevenir*

EJEMPLOS

divagar	*levadura*	*intervenir*	*divergente*
avenir	*divisa*	*dividir*	*reconvenir*
divulgar	*porvenir*	*levante*	*advertido*
contravenir	*adverbio*	*subvenir*	*leve*
divinidad	*desavenir*	*diván*	*prevenir*
adverso	*diverso*	*advertir*	*diversión*
divertir	*advertencia*	*divisorio*	*advenimiento*

DICCIONARIO

avenir: ajustar, entenderse, ajustar las partes discordes
desavenir: desconcertar, discordar
subvenir: auxiliar, socorrer
reconvenir: reprobar, echar en cara
levadura: fermento para masas de harina
divagar: apartarse del asunto tratado
diván: sofá
divisa: moneda extranjera y señal exterior
adversidad: suceso desgraciado
adversario: persona contraria o enemiga

DICTADO

— La suerte me ha sido adversa con este viento de levante.
— Si ello os divierte, haré diversos juegos de malabarismo.
— Hemos de convenir que has provocado la ira del búfalo.
— Te había advertido que hicieras la advertencia ayer.
— Los términos de una división se llaman dividendo y divisor.
— El porvenir de Enrique está presagiado en su vida desordenada.
— Es absurdo advertir que quien mal anda mal acaba.
— Existen diversas clases de hojas, y me divierto coleccionándolas.
— Para conseguir una buena cosecha de maíz, han de intervenir diversos factores.
— No debemos divulgar los defectos ajenos por pura diversión.

EL USO DE LA V (2ª parte)

• Palabras que empiezan por **eva-, eve-, evi-** y **evo-**, excepto *ébano, ebanista, ebenáceo, ebionita, eborario* y *ebonita.*

evaporar *evento* *evitar* *evocar*

• Palabras compuestas con **vice-, villa-** y **villar-**, excepto *billar, bicéfalo, billarda, bicerra* y *bíceps.*

vicealmirante *villanía*

• Las palabras que comienzan por **lla-, lle-, llo-** y **llu-**, menos *llábana* y *llubina.*

llave *lleno* *llover* *lluvia*

EJEMPLOS

villa	*vicecanciller*	*llavín*	*eventual*
evangelio	*llavero*	*evadir*	*villancico*
llevado	*evacuar*	*vicecónsul*	*llamativo*
evidente	*villanería*	*evidencia*	*evaluar*
llevadero	*evitable*	*villano*	*viceversa*
evolución	*llovizna*	*evocable*	*lluvioso*

DICCIONARIO

vicecónsul: el que hace las veces de cónsul
viceversa: al contrario, al revés
villa: casa de campo, población rural o con privilegios medievales
evolución: cambio y paso de un estado a otro
llovizna: lluvia suave y continuada
evidente: que es fácilmente inteligible
evaluar: valorar o calcular el valor de algo
eventual: provisional, pasajero
evacuar: sacar o extraer algo o a alguien, desocupar alguna cosa, expeler un ser orgánico tumores o excrementos
evadir: huir, escaparse, sacar

DICTADO

— Una persona indigna y ruin es un villano.
— Si mañana el tiempo está lluvioso, no divisaremos el panorama.
— En esta villa se cantan bonitos villancicos en Navidad.
— Observa el arco iris que ha motivado esta llovizna.
— Hoy parece que va a llover, porque está el día lluvioso.
— El vicealmirante de la escuadra visitó ayer las nuevas embarcaciones.
— Hemos llevado los llavines a la villa del vicecanciller.
— Ya he repartido las llaves de los diversos bufetes de la oficina.
— El producto no varía si multiplicamos un entero por un decimal, o viceversa.
— Debemos evacuar a los damnificados, para evaluar las pérdidas.

EL USO DE LA V (3ª parte)

- Palabras que terminan en **-viro, -vira, ívoro** e **ívora,** excepto *víbora.*

  herbívoro *Elvira* *triunviro*

- Las palabras que terminan en **-tivo, -tiva** y **-tivamente.**

  activo *positivamente* *votiva*

- Los adjetivos que terminan en **ava, -ave, -avo, -eva, -eve, -evo, -iva, -ive** e **-ivo.**

  onceavo *ejecutivo* *suave*

Se exceptúan *chilaba, estribo, sílaba, árabe* y sus compuestos.

EJEMPLOS

objetivo	*grava*	*educativo*	*bravo*
lava	*clavo*	*cautiva*	*definitivo*
formativo	*cónclave*	*nuevo*	*suevo*
genitivo	*donativo*	*esclavo*	*caritativo*
afirmativo	*declive*	*divo*	*nueva*
octava	*negativo*	*leve*	*curativo*
comitiva	*nieva*	*preceptivo*	*breve*
activa	*sensitivo*	*abusivo*	*aperitivo*

DICCIONARIO

preceptivo: que incluye orden, mandato o regla
sensitivo: relativo a los sentidos
definitivo: decisivo, concluyente
aperitivo: que abre el apetito
cónclave: reunión de cardenales para elegir Papa
longevo: muy anciano
declive: pendiente de un terreno
grava: guijarros pequeños

DICTADO

— El domingo y los días festivos entrega un donativo.
— La alegre comitiva pasó por la vereda hace tiempo.
— El ácido sulfúrico es corrosivo.
— Ambos dieron motivo de queja en el comportamiento educativo.
— Es la octava semana que nieva bastante activamente.
— Esta infusión de yerbas es curativa.
— El clavel es de olor suave y leve.
— Definitivamente no quiero oír hablar más de este incidente.
— Ese volcán ya no arroja lava por el declive de la ladera.
— Se han recogido bastantes donativos para los cautivos.

EL USO DE LA V (4ª parte)

- Las palabras que empiezan con **pre-**, **pri-**, **pro-** y **pol-**, excepto *prebenda, probar, probo, preboste, proboscidio* y *probeta*.

prevalecer *privado* *polvera*

- Los tiempos de los verbos que en el infinitivo no llevan ni **b** ni **v**, menos el pretérito imperfecto de los verbos de la 1ª conjugación y del verbo *ir*.

tener-tuvimos *andar-anduvimos (andaba)*
estar-estuve *ir-vaya (iba)*

- Llevan **v** los nombres de los números y las estaciones del año.

octavo *nueve* *primavera*

EJEMPLOS

prevenir	*retuvieron*	*prever*	*tuve*
verano	*prevaricar*	*veinte*	*previo*
privilegio	*invierno*	*estuve*	*vigésimo*
doceavo	*sostuvieron*	*entretuvimos*	*previsión*
proverbio	*contuve*	*privar*	*mantuviste*
obtuve	*provincia*	*retuvimos*	*provecho*
polvo	*proveedor*	*pólvora*	*estuvieron*

DICCIONARIO

prever: ver de antemano
privar: despojar de algo
prebenda: renta de un oficio eclesiástico. Oficio, empleo o ministerio lucrativo y poco trabajoso
probeta: tubo de vidrio para laboratorio
provecho: utilidad, aprovechamiento
prevaricar: faltar a los deberes, engañar o hacer lo contrario a lo que debe
privilegio: prebenda o derecho excepcional

provincia: división territorial como un departamento. Cada una de las grandes divisiones de un Estado

proveedor: abastecedor, suministrador

DICTADO

— El viernes nos entretuvimos tomando el sol en la provincia del sur.
— Contuvieron la avalancha de veintisiete vacas furiosas.
— Hombre prevenido vale por dos, dice el proverbio.
— La semana pasada obtuve la distinción de vicecónsul.
— El octavo de la clase ha conjugado la voz activa del verbo privar.
— Las enormes privaciones fueron la causa de posteriores privilegios.
— En la excursión anduvimos bastante y sostuvimos una animada charla.
— La comitiva mantuvo el paso al son de veinticuatro instrumentos de viento.
— Debe prevalecer la verdad y conocerse la exacta causa del asalto al polvorín.
— El jueves tuvimos unas vacaciones especiales, a causa del evento.

TEMA 39

El uso de la H.

EL USO DE LA H (1ª parte)

- En todos los tiempos de los verbos: **haber, hacer, hablar, hallar, habitar.**

- Las palabras que empiezan por **hu-** más **m-** con vocal.

  humedad *humo* *humillar*

- Hay que saber distinguir **ha** de la preposición **a**.

  ha dicho a su padre algo

- Siempre se escribe **he, ha, has** y **han** cuando le sigue **de** o la palabra siguiente es un participio que termina en **-ado, -ido, -so, -to** y **-cho**.

ha amado *he temido* *has dicho* *han visto*

EJEMPLOS

humor	*humano*	*has puesto*	*humareda*	*han vuelto*
hallado	*han roto*	*humanidad*	*han saltado*	*humear*
habito	*húmedo*	*ha sentido*	*humorada*	*he de comer*
humedecer	*he escrito*	*húmero*	*has hecho*	*humildad*
hablaré	*hablaba*	*ha poseído*	*hicimos*	*ha de ver*

DICCIONARIO

humildad: virtud consistente en conocer nuestra miseria y bajeza
humilladero: lugar que suele haber en la entrada de los pueblos con una cruz o imagen
humillar: abatir el orgullo y altivez de uno
húmero: hueso del brazo
humanidad: conjunto de los hombres que pueblan la tierra

DICTADO

— Ha poseído gran humildad, pero la vida le ha hecho malhumorado.
— Al arder aquellas hierbas produjeron gran humareda.
— Ha caminado alrededor de la ladera por la vertiente este.
— Esta habitación es muy húmeda en invierno.
— Carrasco ha dicho que no cambia de opinión y hará lo que pensaba.
— El húmero es el hueso del antebrazo.

— También yo he sido pastor y habité lejos de la humanidad.
— Cúrame esta herida humedeciendo el algodón en alcohol.

EL USO DE LA H (2ª parte)

- Las palabras que comiencen por **hidr-, hiper-** e **hipo-**.

hidráulico *hipertenso* *hipopótamo*

- Las palabras que empiecen por **hue-, hui-, hie-** y **hia-**.

huevo *hueso* *hielo* *huir* *hiato*

- Los compuestos y derivados de palabras que lleven **h**, con las excepciones de los compuestos de *hueso-osario, hueco-oquedad, huérfano-orfandad* y *huevo-ovario.*

deshacer *enharinar* *inhábil*

EJEMPLOS

hidrógeno	*hiato*	*hipótesis*	*huerta*	*huero*
huelga	*hipertrofia*	*huir*	*hierba*	*hielo*
hueste	*hidroterapia*	*ahijado*	*hueso*	*hiedra*
hipoteca	*hidrofobia*	*ahondar*	*hiel*	*ahorcar*
huérfano	*deshora*	*inhábil*	*hierro*	*ahumar*
huella	*deshonesto*	*deshojar*	*deshonra*	*deshonor*

DICCIONARIO

hidroterapia: curar por medio del agua
hipótesis: suposición
hipertrofia: aumento anormal de un órgano
hiperbóreas: regiones muy septentrionales
huero: vacío
hueste: ejército, tropa en campaña
hiena: mamífero que se alimenta de carroña

DICTADO

— En el hueco de la pared han quedado huellas de la huida.
— Se llama hipotenusa al lado mayor de un triángulo rectángulo.
— Ayer amarizó en el puerto un hidroavión.
— En este hotel hay bastantes huéspedes que llegan a deshora.
— El hidrógeno forma parte de la atmósfera.
— Ha ahijado a un niño, porque creía un deshonor no tener hijos.
— El hipopótamo vive en los ríos de África.
— Los animales que ponen huevos se llaman ovíparos.

TEMA 40

Las conjugaciones verbales. El verbo vivir. El verbo venir.

LAS CONJUGACIONES VERBALES

EL VERBO VIVIR

MODO INDICATIVO

Presente	vivo, vives, vive, vivimos, vivís, viven
Pret. Perf.	he vivido, has vivido,... han vivido
Pret. Imp.	vivía, vivías, vivía, vivíamos, vivíais, vivían
Pret. Plus.	había vivido,... habíamos vivido,... habían vivido
Pret. Indef.	viví, viviste, vivió, vivimos, vivisteis, vivieron
Pret. Anter.	hube vivido,... hubisteis vivido, hubieron vivido
Fut. Imp.	viviré, vivirás, vivirá, viviremos, viviréis, vivirán
Condic. Simp.	viviría, vivirías, viviría, viviríamos, viviríais, vivirían
Condic. Comp.	habría vivido, habrías vivido,... habrían vivido

MODO SUBJUNTIVO

Presente	viva, vivas, viva, vivamos, viváis, vivan
Pret. Perf.	haya vivido,... hayamos vivido,... hayan vivido
P. Imp. 1ª f.	viviera, vivieras, viviera, viviéramos, vivierais, vivieran
P. Imp. 2ª f.	viviese, vivieses, viviese, viviésemos, vivieseis, viviesen
P. Plus. 1ª f.	hubiera vivido,... hubierais vivido, hubieran vivido
P. Plus. 2ª f.	hubiese vivido,... hubiésemos vivido,... hubiesen vivido
Fut. Imp.	viviere, vivieres, viviere, viviéremos, viviereis, vivieren
Fut. Perf.	hubiere vivido,... hubiereis vivido, hubieren vivido

MODO IMPERATIVO

Presente	vive tú, vivid vosotros

FORMAS NO PERSONALES

Infinitivo Simple	vivir
Infinitivo Compuesto	haber vivido
Gerundio Simple	viviendo
Gerundio Compuesto	habiendo vivido
Participio Simple	vivido

EL VERBO VENIR

MODO INDICATIVO

Presente	vengo, vienes, viene, venimos, venís, vienen
Pret. Perf.	he venido, has venido,... han venido
Pret. Imp.	venía, venías, venía, veníamos, veníais, venían
Pret. Plus.	había venido,... habíamos venido,... habían venido
Pret. Indef.	vine, viniste, vino, vinimos, vinisteis, vinieron
Pret. Anter.	hube venido,... hubiesteis venido, hubieron venido
Fut. Imp.	vendré, vendrás, vendrá, vendremos, vendréis, vendrán
Fut. Perf.	habré venido,... habrá venido,... habrán venido
Condic. Simp.	vendría, vendrías, vendría, vendríamos, vendríais, vendrían
Condic. Comp.	habría venido, habrías venido,... habrían venido

MODO SUBJUNTIVO

Presente	venga, vengas, venga, vengamos, vengáis, vengan
Pret. Perf.	haya venido,... hayáis venido, hayan venido
P. Imp. 1ª f.	viniera, vinieras, viniera, viniéramos, vinierais, vinieran
P. Imp. 2ª f.	viniese, vinieses, viniese, viniésemos, vinieseis, viniesen
P. Plus. 1ª f.	hubiera venido,... hubiéramos venido,... hubieran venido
P. Plus. 2ª f.	hubiese venido,... hubieseis venido, hubiesen venido
Fut. Imp.	viniere, vinieres, viniere, viniéremos, viniereis, vinieren
Fut. Perf.	hubiere venido,... hubiéremos venido,... hubieren venido

MODO IMPERATIVO

Presente	ven tú, venid vosotros

FORMAS NO PERSONALES

Infinitivo Simple	venir
Infinitivo Compuesto	haber venido
Gerundio Simple	viniendo
Gerundio Compuesto	habiendo venido
Participio Simple	venido

EJERCICIOS PERSONALES

- 40.1. Escriba el presente de indicativo del verbo **vivir.**

- 40.2. Escriba el pretérito indefinido de indicativo del verbo **vivir.**

- 40.3. Escriba el pretérito anterior de indicativo del verbo **vivir.**

- 40.4. Escriba la primera forma del pretérito imperfecto de subjuntivo del verbo **vivir**.

- 40.5. Escriba el futuro imperfecto de subjuntivo del verbo **venir.**

• 40.6. Escriba la segunda forma del pretérito pluscuamperfecto de subjuntivo del verbo **venir**.

• 40.7. Escriba el condicional simple del verbo **venir**.

• 40.8. Escriba el futuro imperfecto de indicativo del verbo **venir**.

• 40.9. Escriba el imperativo del verbo **vivir** y del verbo **venir**, teniendo en cuenta sólo las dos formas de la segunda persona, según las últimas normas de la Real Academia de la Lengua.

• 40.10. Escriba el gerundio y el participio de los verbos **vivir** y **venir**.

• 40.11. Redacte una frase con cada una de las formas del verbo **vivir** que a continuación le presentamos.

vivíamos — *viviríais* — *viváis*
vivirás — *vive* — *vivió*
vivas — *viviéramos* — *vivimos*
viví — *vivías* — *vivirán*
viviésemos — *vivíamos* — *viviste*

viviendo — *habrían vivido*
hayan vivido — *hubieseis vivido*
hube vivido — *habríais vivido*
hubieron vivido — *hubiéramos vivido*
habíais vivido — *hubiéremos vivido*

• 40.12. Anote, así mismo, una frase de su propia invención en la que incluya cada una de las siguientes formas del verbo **venir**.

vine — *viniese* — *vinieres*
vendrás — *vengo* — *veníais*
viene — *vendríamos* — *vengáis*
venía — *vengas* — *venimos*
ha venido — *vinieron* — *viniésemos*

había venido — *habían venido*
hube venido — *hubieron venido*
hayan venido — *hubieseis venido*
habríais venido — *hubiéremos venido*
habréis venido — *hubiéramos venido*

DICTADO DE FRASES

Ejercicio 1

— He vivido muchos años en el extranjero y ahora he venido a visitaros con mucha ilusión.
— Me gustaría que vinieses conmigo a dar un paseo por el pueblo donde viví en mi juventud.
— Cuando voy al cine, me gusta ir acompañado de algún compañero.

— Nunca viví solo, y creo que no me acostumbraría a esa situación.
— Si viniese al fin el campeón, le dirás que estuve esperándole bastante rato.
— Hace mucho tiempo vivieron en esta ciudad, pero ahora habitan en un pueblo de la costa.
— Hubiera venido antes, si me hubieseis avisado por teléfono o mediante un telegrama.
— Viviría más tranquilo, si no hubiera ese ruido tan molesto de las máquinas perforadoras.
— Estamos esperando tu venida a la hacienda para concertar el trabajo y firmar el proyecto.
— Los pescadores volvieron cansados de la pesca y abandonaron el barco rápidamente.

Ejercicio 2

— Todavía hay tribus salvajes que viven de una forma primitiva.
— Deseo que viváis felices, después de las pruebas que el destino os ha hecho padecer.
— Sé que vendrás pronto para recoger las vituallas que necesitas para el período invernal.
— Viviría holgadamente, si no hubiera despilfarrado la herencia recibida recientemente.
— Se han encontrado muchos ídolos en los poblados donde vivían los antepasados de este país.
— Viviríamos juntos, si no hubieseis decidido marcharos a trabajar en la actividad diplomática.
— Se enrolaron en un barco petrolero y todavía no han venido de vacaciones ni una vez.
— Vendrán todos los nietos a visitar la casa en que vivió el abuelo cuando era gobernador.
— El virrey vivió en este palacio cuando vino a inspeccionar la capitanía.

TEMA 41

Actividades de evaluación parcial. Número 6.

• 41.1. Construya algunas frases con las siguientes palabras que contienen **m** y que son muy fáciles de recordar.

hambre	*hombro*	*hombre*	*hembra*

• 41.2. Redacte otras frases con estas diversas palabras que también llevan **m** en su formación.

bombilla	*ímprobo*	*campeón*	*rompería*	*bombero*
gimnasia	*también*	*empleará*	*cambio*	*cambiaba*
álbum	*estampas*	*limpio*	*calumnia*	*columna*

• 41.3. Copie las siguientes frases y subraye las palabras que lleven **m** o **n** al final de la sílaba y, a continuación, haya otra sílaba que empiece por consonante.

— Estaba perennemente a la puerta del club.
— Encontré un sinnúmero de dificultades.
— Era reacio a realizar innovaciones espectaculares.
— Salió milagrosamente indemne del accidente.
— Recibimos innumerables cartas de felicitación.
— Escucharás el himno en posición de firmes.

• 41.4. No sólo se escribe con **b** el verbo **probar**, sino también sus compuestos. Construya frases con diferentes tiempos que presentamos de:

aprobar	*reprobar*	*comprobar*	*desaprobar*
aprobada	*repruebo*	*comprobaré*	*desaprobaría*

• 41.5. Construya frases cortas y sencillas con las siguientes palabras que se escriben con **b** porque empiezan con **al-, ab-, ob-, sub-** y **bis-** o están en imperfecto de indicativo de verbos de la primera conjugación.

absurdo	*valorabais*	*albarda*	*alberca*	*bordábamos*
ábside	*alcoba*	*absolver*	*obcecación*	*albaricoque*
albacea	*obtener*	*objetivo*	*absorber*	*hilaban*

• 41.6. Escriba los tiempos que se le piden, a continuación, de los siguientes verbos.

— El presente de indicativo del verbo *exhibir.*
— El pretérito imperfecto de indicativo del verbo *subir.*
— El pretérito indefinido del verbo *exhibir.*
— El presente de subjuntivo del verbo *prohibir.*

— El pretérito imperfecto de subjuntivo del verbo *percibir*.

• 41.7. Construya frases cortas con las siguientes palabras que se escriben con **b** porque comienzan por **es** o porque terminan en **-bundo, -bunda** y **-bilidad**.

escribir	*responsabilidad*	*escabel*	*nauseabundo*
amabilidad	*esbelto*	*contabilidad*	*estribación*
esborzar	*debilidad*	*eslabón*	*pudibundo*
posibilidad	*escribano*	*errabundo*	*escarbar*

• 41.8. Anote las siguientes palabras y observe que se escriben con dos **b**.

baba	*babero*	*babor*	*baboso*	*bebedizo*
babucha	*balbucir*	*bambú*	*barba*	*beber*
barbaridad	*bárbaro*	*barbecho*	*barbería*	*biberón*

• 41.9. Construya frases cortas con las siguientes palabras que se escriben con **b**.

bailar	*balanza*	*bacilo*	*báculo*	*bahía*	*bálsamo*
balón	*bandeja*	*bajo*	*balada*	*banda*	*bandera*
baño	*baranda*	*balcón*	*baldosa*	*baraja*	*balance*
barca	*bacalao*	*barato*	*banca*	*barniz*	*balneario*

• 41.10. Copie las siguientes frases, prestando atención a la utilización de la **b** en las palabras adecuadas.

— No en balde el borrego daba balidos subido en la inestable balsa.
— Bajó el telón al acabar el bajo su balada.
— El baluarte ha sido barrido a cañonazos desde el buque.
— El profundo bache hizo que la bicicleta volcara.
— Detrás de esa curva hay una bajada con fuerte pendiente.
— En la barraca se exhiben ricas bandejas de plata y bronce.
— El balazo ha dado en la campana y ha roto el badajo.
— Un terrible coletazo de la ballena hizo zozobrar la barca.
— Estas baldosas son muy fuertes y resistentes.

• 41.11. Construya frases cortas con las siguientes palabras que se escriben con **b**.

bastidor	*barra*	*barraca*	*barranco*	*barreno*	*basura*
batería	*barrera*	*barricada*	*barriga*	*barril*	*bautismo*
bastón	*barro*	*barrote*	*barullo*	*báscula*	*batalla*
batuta	*base*	*basílica*	*bastante*	*bastardo*	*bayeta*

• 41.12. Copie las siguientes frases, cuidando la utilización de la **v** en las palabras que deban llevarla.

— Te vendaré la herida con una venda nueva y limpia.
— El veloz venado fue herido por un certero venablo o lanza.
— Este vaso para vino es tan fino que vibra al menor golpe.
— Asomado a la ventana, verás las faenas de la vendimia.
— En las vitrinas del museo se exhiben valiosos vestidos.
— El cultivo de la vid es la vida y la fuente económica de muchos hombres.
— El virtuoso viudo recibió injustificados vituperios de algún vecino.

— Domínate y vence tus deseos vehementes de venganza.
— Si colocas visillos en las ventanas, protegerás tu vista de la luz del mediodía.

• 41.13. Construya frases cortas con las siguientes palabras que se escriben con **v**.

vida	*vestir*	*veta*	*veto*	*vetusto*	*vidrio*
viento	*vez*	*viaducto*	*viajante*	*vianda*	*viernes*
vidente	*viático*	*víbora*	*vibrar*	*viciar*	*viejo*
vientre	*visicitud*	*víctima*	*victoria*	*vid*	*vigente*

• 41.14. Copie las siguientes frases, fijándose en la utilización de la **h**.

— Convive con personas de buenos hábitos.
— El oso hormiguero tiene un pronunciado hocico.
— Evita que las flores del jarrón se deshojen.
— El hedor que despide el hálito de un halcón es insoportable.
— La famosa cantante exhibe valiosas alhajas en escena.
— La hiena es un animal de pelo hirsuto.
— El domingo es inhábil para el trabajo remunerado.
— El hebreo ha puesto una fábrica de helados.
— Te exhorto a que rehúyas de las acciones deshonestas.

• 41.15. Construya frases con las siguientes palabras que llevan **h** intercalada.

tahúr	*ahijado*	*vehemencia*	*deshojar*
ahumar	*truhán*	*deshonor*	*vaho*
vehículo	*zaherir*	*vahído*	*deshonra*

• 4.16. Construya otras frases con algunas de las siguientes palabras que comienzan por **h**.

hábito	*harina*	*hastío*	*hazaña*	*hebilla*	*hacha*
halcón	*hebreo*	*helado*	*hélice*	*hedor*	*hampa*
hacienda	*hemiciclo*	*hemorragia*	*heraldo*	*herencia*	*hada*
hamaca	*hermético*	*hermoso*	*hígado*	*higiene*	*harapo*

FRASES PARA EL DICTADO

Ejercicio 1

— Aquel hombre es un vagabundo que va errabundo por el mundo.
— Los campos estaban completamente repletos de agua.
— Ante todo, deseo estabilidad en el empleo de contable.
— Ponte el albornoz al salir del baño.
— He probado con el cambio y no he comprobado ninguna mejoría.
— Ambos cumplieron las órdenes de solemnizar la conmemoración.
— Tiene responsabilidades que no puede eludir impunemente.
— Como también iremos a México, podremos cambiar dólares en pesos.
— No seamos esclavos de la pasión ni escarbemos en el vicio.
— Debido a la contabilidad que estudió ese hombre, ahora ha conseguido un buen empleo.

Ejercicio 2

— Estoy suscrito a una notabilísima revista de biología.
— Se hizo un bien a aquel furibundo loco, llevándole al hospital.
— El tiempo está muy malo para jugar al trompo a la intemperie.
— La impasibilidad ante las desgracias ajenas es de cobardes.
— Vamos a comprobar si todo sale bien según lo previsto.
— Emborronaron todo el cuaderno, pero tampoco se inquietaron.
— El álbum está completo, y sería absurdo recargarlo.
— Ganó el campeonato con amabilidad y valentía.
— Con un esfuerzo ímprobo, impulsaron el pedrusco por la ladera de la montaña.
— Nos hospedaron en una hermosa villa, con toda amabilidad.

Ejercicio 3

— Viena es la capital de Austria y tiene notabilísimas edificaciones.
— Evitemos en la vida ser estrambóticos y estrafalarios.
— Compraron un álbum de fotografías y también un compás.
— La estabilidad del esbelto buque es perfecta y durable.
— También desaprueba las innovaciones no comprobadas.
— Nos zambullimos en un recodo limpio del río.
— El niño está triste y meditabundo porque no ha conseguido escabullirse.
— Hoy comeremos algo exótico, como albóndigas y pasta de membrillos.
— Cambió el rumbo y pudieron hacer muchas combinaciones.
— Su exhibición de anoche fue muy buena y me dejó abstraído.

TEMA 42

Prácticas de evaluación global.

REPASO SOBRE LAS PRECEDENTES ACTIVIDADES DE EVALUACIÓN PARCIAL

• 42.1. Anote junto a cada palabra si es *aguda*, *llana*, *esdrújula* o *sobreesdrújula*, y coloque la tilde en las que sea obligatorio.

actriz	*tapon*	*cicatriz*	*demelo*	*carton*
reirse	*pesimo*	*genuino*	*aprendiz*	*autentico*
esplendido	*cantala*	*frieselo*	*veniamos*	*vuelvete*
acerquese	*oirmelo*	*barniz*	*quitatelo*	*apreton*

• 42.2. Coloque el acento a los nombres de poblaciones y países que lo necesiten.

Valparaiso	*Leon*	*Medellin*	*Ibague*	*Maracaibo*
Colombia	*Paris*	*Valdivia*	*Japon*	*Cordoba*
Moscu	*Potosi*	*Mexico*	*Poopo*	*Huanuco*
Merida	*Peru*	*Londres*	*Bogota*	*Camerun*

• 42.3. Redacte una frase con cada una de las siguientes formas verbales que llevan tilde.

díjome	*cántalo*	*movióle*	*ruégote*	*cámbiemelo*
dióselo	*oírmelo*	*vióselo*	*redújole*	*recuérdeme*

• 42.4. Copie las siguientes frases, teniendo cuidado en aplicar la tilde en los monosílabos y las partículas interrogativas o admirativas.

— Explíquenos quien fue el que le obligó a firmar la declaración.
— ¿Que razonamientos hizo para defender su postura?
— Podrías conseguir mas calificaciones si estudiases mas.
— ¿Donde estarás esta tarde, si necesito localizarte?
— Sólo acudieron cuatro personas, según el me dijo.
— ¿Donde encontraste ese fragmento literario tan interesante?
— No se lo que va a hacer el Director del Museo Arqueológico.
— El gato se relamió de gusto con las sardinas que se encontró.

• 42.5. Sustituya la línea de puntos de las siguientes oraciones con las palabras **ahí, hay** o **¡Ay!**, según corresponda.

— De aquí a Montevideo... mucha distancia.
— ... está el problema.
— En el valle... un gran río.

— El golpe que se dio, le hizo exclamar...
— En la empresa... cincuenta obreros.
— Se le escapó un... de tristeza.
— ...mucha temperatura en esta habitación.

• 42.6. Copie las siguientes frases, en las que aparecen palabras compuestas.

— Tenía ya la respuesta preparada de antemano.
— Estaba sobrecogido por la noticia que sobresaltó a toda la población.
— Recibiré a quienquiera que lo solicite.
— Encontramos una serie de piedras colocadas en semicírculo.
— Estuvimos sobrevolando los alrededores de la desembocadura.
— Asistimos a la fiesta de una quinceañera.
— El quitamanchas no le dio buen resultado.
— Le pusieron sobresalientes en las calificaciones trimestrales.

• 42.7. Subraye todas las palabras compuestas que ha escrito en el ejercicio anterior.

Redacte frases con las siguientes palabras que contienen algún prefijo latino.

imposición	*exposición*	*contacto*	*inexacto*
desbastar	*inexperto*	*inconcebible*	*desnivelar*
indirecto	*conducir*	*exhalar*	*inexpugnable*

• 42.8. Anote las siguientes frases y observe las palabras que están formadas con un prefijo latino.

— Durante la Prehistoria se produjo la evolución de los homínidos.
— Si lo hubiera hecho premeditadamente, tendría una condena mayor.
— En este tejido predomina demasiado el rojo.
— No debes tener prejuicios sin conocer antes las circunstancias.
— Está preocupado por no poder atender a todos los compromisos.
— Cree en la preexistencia anterior y afirma haber sido antes jaguar.
— Hablaremos hoy del pronombre y, si hay tiempo, de la preposición.
— Es imposible prefijar la fecha con tanto tiempo de anticipación.
— Conviene hacer preceder en el programa un breve prólogo, como prolegómeno introductorio.

• 42.9. Subraye todos los prefijos que ha copiado en el ejercicio anterior.

• 42.10. Anote las siguientes palabras, observando que se escriben con dos **b**.

bombero	*bombilla*	*embeber*	*imberbe*	*rebaba*
borbotones	*cabizbajo*	*suburbio*	*zambomba*	*soberbia*

• 42.11. Copie las siguientes frases y subraye las palabras en las que la **m** o la **n** preceden a otra sílaba que comienza por consonante.

— Hace tiempo que no me sentaba junto a la lumbre.
— Hemos ampliado el aula para que quepan más alumnos.
— Cambia de sitio este paño limpio.
— Si cambias el color de las columnas, parecerá un ambiente nuevo.

— Es imposible romper la techumbre, a no ser por un derrumbamiento.
— Sembraremos trigo en este campo tan amplio y espacioso.
— Le dio un calambre en la pierna y, al caer, se rompió el hombro.
— El ómnibus está completo y listo para salir.
— Es un compás de espera mientras empieza el himno.

• 42.12. Construya frases cortas con las siguientes palabras que se escriben con **b** o **v**.

vampiro	*bonito*	*borracho*	*boquete*	*bonificar*
bórico	*vario*	*bordado*	*vaina*	*borrasca*
borla	*boreal*	*vocación*	*borde*	*bonzo*
versión	*vejiga*	*vendimia*	*verdad*	*vanagloria*

• 42.13. Copie las siguientes frases y observe la utilización de la **v** en las palabras que deban llevarla.

— La víspera de tu onomástico visitaremos las tiendas de viandas.
— Su venenoso lenguaje cubrió de vejaciones al humilde vasallo.
— En esta vitrina hay expuestos objetos de naturaleza vítrea.
— El viajante iba provisto de suficientes viandas para hacer frente a cualquier vicisitud durante el viaje.
— Aún quedan vestigios de los vestidos que se usaron en la civilización egipcia.
— La larga velada vespertina ha viciado el aire de la habitación.
— Podría ser verosímil que una verruga propiciara algún tipo de cáncer.
— Tras varias vicisitudes, conseguimos la victoria.
— Cada poeta da una versión distinta a un tema, con versos originales.
— El viejo veterinario ha visto el viernes una víbora cascabel.

• 42.14. Construya algunas frases con las siguientes palabras que tienen **h** intercalada.

alcohol	*adherir*	*prohibir*	*bienhechor*	*exhortar*	*ahogar*
anhelo	*rehén*	*ahínco*	*moho*	*ahora*	*búho*
exhibir	*ahuecar*	*mohín*	*buhardilla*	*malhechor*	*dehesa*
cohesión	*cohibir*	*alhaja*	*cacahuete*	*bohemio*	*bahía*

• 42.15. Copie las siguientes frases y fíjese en la utilización de la **h** en las palabras que deban llevarla.

— Aplica alcohol a la herida para desinfectarla.
— Los muchos halagos me producen hastío.
— El humilde obrero habita en una lóbrega buhardilla.
— Las hebillas de los zapatos del heraldo son de hierro.
— La historia de los pueblos hispánicos ha influido en la humanidad.
— En la hacienda encontraremos cómodas hamacas.
— En este acuario se exhiben raras especies de peces.
— La horrenda hecatombe produjo una histérica reacción.

FRASES PARA EL DICTADO

Ejercicio 1

— La hormiga parece un insecto hacendoso y trabajador.
— Cierra herméticamente la puerta de la hacienda.
— San José de Costa Rica también tiene un interesante Museo del Oro con objetos precolombinos.
— Han sido unas conversaciones Norte-Sur entre países industrializados y naciones en vías de desarrollo.
— Debemos inmovilizar este capital, para que responda a la financiación que hemos pedido al Banco Inmobiliario.
— A través de su poesía, muestra un sublime espíritu poético.
— El joven se ahogó por su imprudencia temeraria.
— Estudia en un Instituto Técnico-Profesional (de Análisis y Procesos Químicos) que han establecido en Quito.
— No bogues más allá de la boya, ya que el bote se puede hundir.
— Conmigo seremos cuatro los candidatos a ocupar el puesto.

Ejercicio 2

— Ahí es donde debes adherir el sello o estampilla.
— Lo hemos usado tanto, que ya ha quedado inservible.
— La novela más famosa del Romanticismo americano es «María», escrita por el colombiano Jorge Isaacs.
— Nos produjo gran hilaridad el hilván de la falda.
— Se tiró del avión en paracaídas, pero éste se quedó enganchado en un árbol, y el soldado estuvo a punto de morir.
— Vino diciéndonos que había escuchado una voz de ultratumba.
— Le enredaron en un contencioso jurídico-administrativo del que no saldrá, a menos que le ayudes profesionalmente.
— El cañón antiaéreo obstaculizó el avance enemigo.
— Las hojas de la higuera protegen los higos maduros.
— Que sea breve tu paseo por el bosque, porque no debes andar por ahí cuando haya anochecido.

TEMA 43

El uso de la G. El uso de la J.

- En las formas de los verbos cuyo infinitivo termina en **-ger, -gir** e **-igerar:**

proteger	*fingir*	*aligerar*

- Estos verbos sustituyen la **g** por la **j** cuando en determinadas formas verbales la posible **g** va delante de **a** o de **o**.

proteger-proteja	*fingir-finjo*
regir-rijo	*coger-cojan*

Se exceptúan los verbos **tejer** y **crujir**, además de sus compuestos.

destejer	*crujido*	*tejedora*

- En las palabras que terminan en **-gente, -ingente, -vigente**.

divergente	*astringente*	*vigente*

- En las sílabas **ges** y **gen**, menos majestad, jengibre, comején, enajenar, ajenjo, berenjena y Jenaro.

virgen	*gesto*	*digestión*

- En las palabras que empiezan por **in-** (menos injerto, injertar, injerir, etc.)

indígena	*ingeniero*	*indigente*

EJEMPLOS

corregir	*geólogo*	*gestual*	*geógrafo*	*vigente*
ingerir	*recoger*	*ingerencia*	*urgente*	*ingeniar*
exigir	*indigesto*	*agente*	*ingente*	*pungente*
geometría	*transigir*	*regente*	*inteligencia*	*geofísica*
ingenuidad	*contingente*	*insurgente*	*indulgente*	*aborigen*

DICCIONARIO

ingeniar: inventar
indigente: falto de recursos económicos
ingente: enorme, muy grande
insurgente: rebelde, insurrecto
ingenuo: candoroso, sin doblez

ingerir: introducir, incluir
aborigen: originario de un país
pungente: que pincha
contingente: que puede suceder o no suceder
converger: concurrir en un punto
hipogeo: bóvedas subterráneas donde los antiguos conservaban los cadáveres sin quemarlos

DICTADO

— Has pintado dos líneas que son convergentes en un extremo y divergentes en el otro.
— La ingenuidad es una característica de los niños.
— Escogieron, como regente de la relojería, al joven más exigente.
— Padeció una indigestión por comer en exceso.
— El vigente texto de geofísica es muy exigente.
— El nuevo ingeniero está haciendo investigaciones geológicas.
— No conocemos el origen evolutivo de los indígenas guineanos.
— Ahora subiremos a la cumbre de esta ingente montaña.
— El geógrafo consiguió una imagen perfecta.
— El juez fue indulgente con el agente de origen británico.

EL USO DE LA G (2ª parte)

- En las palabras que tienen las siguientes terminaciones:

-*gen:* origen
-*gélico:* evangélico
-*genario:* sexagenario
-*géneo:* homogéneo
-*génico:* fotogénico
-*gésico:* analgésico
-*gesimal:* octogesimal
-*gésimo:* vigésimo
-*gético:* energético
-*giénico:* antihigiénico
-*ginal:* marginal
-*genio:* ingenio
-*génito:* congénito
-*gíneo:* virgíneo
-*ginoso:* cartilaginoso
-*gía (gia):* geología (menos lejía, bujía, herejía, apoplejía, canonjía, tejía)
-*gional:* regional
-*gío (gio):* litigio (menos bajío y monjío)
-*gión:* región
-*gionario:* legionario
-*gioso:* religioso
-*gírico:* panegírico
-*ogía:* biología
-*ógica:* lógica
-*ógico:* oncológico
-*ígena:* indígena
-*ígeno:* oxígeno
-*ígera:* flamígera
-*ígero:* flamígero
-*gismo:* silogismo (menos *salvajismo* y *espejismo*, por derivarse de salvaje y espejo)

EJEMPLOS

higiénico *heterogéneo* *logia* *prodigioso* *ferruginoso*
genio *origen* *lógico* *imagen* *original*

regio	*prodigio*	*margen*	*neologismo*	*unigénito*
trigésimo	*angélico*	*colegio*	*arqueología*	*apologético*

DICCIONARIO

regio: digno o propio de un rey
apología: alabanza de personas o cosas; elogio; panegírico
heterogéneo: de género diverso
angélico: perteneciente a los ángeles
logia: organización masónica, o el local donde se celebran las reuniones
arqueológico: referente a yacimientos antiguos
unigénito: un único hijo engendrado
correligionario: que pertenece a la misma religión
neologismo: nuevo vocablo en el idioma
ferruginoso: que contiene hierro

DICTADO

— Eres un genio, porque has hecho una mágica descripción del paisaje.
— Es lógico que viaje con urgencia.
— Al colegio se acude para aprender y practicar.
— Estuve ojeando el original del libro de arqueología.
— Le introdujeron un líquido prodigioso en la garganta.
— La palabra logia no sé lo que significa.
— La palabra sexagesimal es un término matemático.
— La influencia del inglés está introduciendo muchos neologismos.
— Tienes que dejar un margen de dos centímetros.
— En el discurso hizo un panegírico de las virtudes del homenajeado.

EL USO DE LA J (1ª PARTE)

- En los sonidos **ja, jo y ju**.

caja *joven* *judío*

- En la mayor parte de las palabras terminadas en **-je**.

mejunje *monje* *conserje*

- Se exceptúan *esfinge, laringe, faringe* y *falange*, mientras que *garaje* puede escribirse también *garage*.

- En las palabras que terminan en **-aje, eje y uje**, menos *protege, cónyuge, auge* y *ambages*.

traje *paje* *fleje* *potaje*

- Las palabras que terminan en **-jero** y **-jería**, menos *ligero* y *flamígero*.

cajero *relojero* *cerrajería*

EJEMPLOS

masaje	*pasajero*	*granjero*	*personaje*	*jamón*	*hereje*
cojo	*estiaje*	*mensaje*	*jugar*	*viaje*	*baraja*
eje	*linaje*	*relojería*	*encaje*	*oleaje*	*embalaje*
coraje	*juventud*	*vendaje*	*brujería*	*Julio*	*extranjero*
rojo	*agujero*	*vinajera*	*teje*	*paisaje*	*maneje*

DICCIONARIO

linaje: origen de la familia
estiaje: caudal de un río durante el verano
paje: criado que acompaña a sus amos
hereje: que profesa creencias desviadas de la doctrina cristiana
vendaje: ligadura hecha con vendas
brujería: acciones de brujas o encantamientos
granujería: acción de un pillo o granuja
oleaje: movimiento de las olas
embalaje: protección y envoltorio de un paquete
vinajera: recipiente para contener vino

DICTADO

— Ayer tuve un dolor de cabeza pasajero.
— Los barcos se balanceaban con el oleaje.
— No sabemos si habrán recibido el mensaje.
— Quiero ponerle un encaje para taparle el agujero.
— En esa obra trabaja un personaje que es ciego.
— Teje una bufanda para abrigarse y protegerse.
— Hay que tener coraje para hacer de relojero sin saber.
— Acabaron con el embalaje de las herramientas.
— Maneje con cuidado en el extranjero.
— El pasajero que traje era cojo y manco.

USO DE LA J (2ª PARTE)

• En las palabras que comiencen por **aje** y **eje**, menos *agenesia*, *agenciar* y derivados como *agencia*, *agente*, *agenda*.

ajedrez *ejercicio* *ejecutar*

• Las palabras que terminan en **-jear**.

canjear *cojear* *flojear*

• Los tiempos de los verbos en que intervengan los sonidos **je, ji**, si en infinitivo no llevan ni **g** ni **j**.

producir-produje *decir-dijimos*
conducir-conduje *traer-trajimos*

- Los tiempos de los verbos que llevan en infinitivo esta letra.

cruje-crujir *trabaje-trabajar*

EJEMPLOS

ejercer	*granjear*	*condujo*	*ejercicio*	*predije*
ejemplo	*dije*	*callejear*	*distraje*	*lisonjear*
ejército	*ajetreo*	*trajimos*	*forcejear*	*contrajimos*
extrajo	*maldijeron*	*ejecutar*	*trajeron*	*hojear*
ejecutivo	*ejecución*	*bendijo*	*ojear*	*sustrajimos*

DICCIONARIO

ejemplo: símil o hecho digno de imitación
ejercer: practicar un oficio o carrera
contraer: encoger, juntar, estrechar; si se refiere a deudas, vicios, obligaciones, adquirirlas, caer en ellos
predecir: pronosticar
granjear: obtener ganancia o lucro; adquirir, conseguir
ajetreo: movimiento apresurado, ir de un lugar a otro
forcejear: disputar, discutir, pelear
callejear: pulular por las calles
ojear: echar una mirada
hojear: pasar las hojas

DICTADO

— Al hojear el libro, vi una frase que me sedujo.
— Ejerceré mi profesión de médico de forma continuada.
— Ya te predije que ese negocio no era ventajoso.
— Estoy tratando de granjearme la amistad de la ejecutiva.
— El sacerdote bendijo la nueva granja experimental.
— Hay un fontanero que ejecuta su trabajo ejemplarmente.
— Fue un día de ajetreo por la ciudad, continuamente callejeando.
— Los gritos atrajeron la atención de todo el ejército.
— Condujo con sueño y, en cuanto se distrajo, chocó.

TEMA 44

El uso de la C. El uso de la S.

Aunque la pronunciación y ortografía de la **c** y la **s** no es un punto conflictivo en la mayor parte de la península ibérica, sí es un tema importante en el ámbito de Hispanoamérica, las Islas Canarias y el sur de España. Por ello, creemos oportuno dar algunas reglas que ayuden a diferenciar ambos fonemas a la hora de escribir.

EL USO DE LA C

- En las palabras terminadas en **-encia** y **-ancia**, menos ansia.

conciencia *paciencia* *infancia* *tendencia*

- En las palabras que terminan en **-ciar, -acia, -acea, -aceo, -icia, -icie** e **-icio**, menos *alisios, afasia, gimnasia, etc.*

justicia *planicie* *ejercicio* *vicio*

- En los verbos terminados en **-cir y -ducir**, menos *asir.*

reducir *lucir* *conducir* *decir*

- En los verbos terminados en **-cer**, menos *ser, coser* y *toser.*

hacer *mecer* *obedecer* *cocer*

- Conviene saber que algunas palabras llevan **c** al final de sílaba.

actual *acción* *fricción* *perfecto*

EJEMPLOS

obediencia	*inducir*	*observancia*	*superficie*
comicios	*lactancia*	*alternancia*	*factor*
clemencia	*conducta*	*vigilancia*	*calvicie*
acceso	*vagancia*	*aducir*	*tenencia*
suficiencia	*traducir*	*importancia*	*directo*
predecir	*vivencia*	*diccionario*	*patricio*
suplicio	*detective*	*servicio*	*nacer*
vencer	*avaricia*	*inmundicia*	*seducir*

DICCIONARIO

comicios:	reuniones y actos electorales
clemencia:	acción de hacer justicia con benevolencia
acceso:	camino, entrada
inducir:	instigar, mover a uno
lactancia:	período de la vida en que la criatura mama
vagancia:	poca predisposición al trabajo
seducir:	engañar con mañas o persuadir al mal
inmundicia:	suciedad y desperdicios
patricio:	descendiente de los primeros senadores nombrados por Rómulo
aducir:	alegar razones y pruebas

DICTADO

— Pidieron clemencia para el reo, pues la reclusión padecida ya había sido suficiente suplicio.
— Debes vencer tu timidez, porque puedes quedarte con la sección.
— Voy a traducir a Hemingway en octubre, adaptándolo a lectores juveniles.
— Era un factor distorsionante que merecía vigilancia.
— Contestaré esas cartas en estricto orden de importancia.
— Esperemos que no tenga defectos la emisión, en directo y en vivo, del programa.
— Mandó confeccionar una peluca para tapar su calvicie.
— Hablaba siempre con mucha suficiencia.
— Tiene una conducta correcta e intachable.
— Es imprescindible el perfecto y fluido uso del diccionario.

EL USO DE LA S

- En las palabras terminadas en **-ulsión, -ísimo** y **-sivo**, menos *nocivo* y *lascivo.*

emulsión *rapidísimo* *repulsivo*

- En la mayor parte de las palabras que comienzan por **seg- y sig-,** menos *cigarro*, *cigüeña*, *cegato*, cigoto, etc.

segar *segundo* *sigla* *siguiente*

- En los gentilicios en **-ense**, menos *vascuence.*

bonaerense *costarricense* *rioplantense*

- Hay palabras que deben escribirse con **s** y no deben llevar **x**, como:

espontáneo	*espléndido*	*estreñido*
espectro	*estructura*	*espectáculo*
estremecer	*estricto*	*estentóreo*

EJEMPLOS

siglos	*activísimo*	*seguir*	*nicaragüense*
pasivo	*segador*	*blandísimo*	*seguridad*

signo	*felicísimo*	*segregar*	*carísimo*
convulsión	*sigilo*	*compasivo*	*segmento*
signatura	*buenísimo*	*seglar*	*recesivo*
baratísimo	*seguro*	*utilísimo*	*significado*

DICCIONARIO

convulsión: agitación violenta de músculos o grupos sociales
activo: que está en movimiento
signatura: señal, marca, nota
signo: cosa que evoca o que simboliza algo
significado: conocido, importante, símbolo
sigilo: secreto guardado, sello para lacrar documentos
segmento: pedazo o parte cortada de una cosa
segregar: separar o apartar una cosa
segar: cortar mieses o hierba
recesivo: que tiene tendencia a retroceder

DICTADO

— En este siglo hemos conseguido grandes avances científicos.
— Entraremos con sigilo en casa, para no despertarles.
— Tengo solucionado ese problema, porque lo cubre el seguro.
— Iremos directamente a comprar en un mercado baratísimo.
— Ya no tendrá más convulsiones y le bajará la temperatura.
— El arquitecto mandó a construir una puerta de hierro, para mayor seguridad.
— El segador se secó el sudor de la frente en un descanso de la siega.
— Se sentía felicísimo por el triunfo alcanzado en la recta final.
— No era compasivo con los insectos que le estaban picando.
— Es utilísimo tener en casa algunas herramientas básicas.

TEMA 45

El uso de la X. El uso de la Z.

EL USO DE LA X

- Se utiliza **x** delante de las siguientes sílabas: **pla, plen, pli, plo** y **pre, pri, pro**, menos *esplendor*, *esplendidez, espliego, esplénico, etc.*

explanada	*explicar*	*expresar*	*exprimir*

- En las palabras que empiezan por **extra-** o **ex-** (fuera).

extracto	*extraño*	*extradición*	*extralimitar*

- Existen las siguientes excepciones, cuyo significado no hace referencia o implica **fuera**.

estrado, estrafalario, estragar, estrato
estrangular, estratagema, estraza, estravismo
estratosfera, estrabismo, estrago, estrategia

- Hay muchas palabras que comienzan por **ex-**; pero debe tenerse en cuenta que hay otras (citadas en el tema anterior) que llevan **s.**

exaltar	*excelente*	*exiguo*	*extremar*

- Otras muchas palabras llevan **x** sin que responda a reglas concretas, atendiendo principalmente a la etimología.

auxilio	*conexión*	*máximo*	*flexible*

EJEMPLOS

extraviar	*extraer*	*extravagancia*	*extracción*
explorar	*excluir*	*expropiar*	*existir*
excavar	*explayar*	*extraordinario*	*expresión*
exprés	*extranjero*	*exagerar*	*extrañar*
experto	*expropiación*	*exótico*	*explosión*
explosivo	*expulsar*	*extravío*	*extramuros*

DICCIONARIO

exótico: raro, extraño, original
extracto: resumen de un escrito, sustancia de una cosa
extraño: de distinta nación o profesión; raro, singular

extramuros:	fuera del recinto de una población
extrafalario:	desaliñado, raro
expropiar:	desposeer legalmente
exprimir:	extraer jugo
explorar:	investigar, indagar
explayar:	extenderse, desarrollar
extravío:	de extraviar, pérdida

DICTADO

— Ha extraviado los anteojos durante el examen.
— Van a expropiarnos un terreno para extraer gas.
— Le haremos una exploración radiológica.
— La explosión excitó y exacerbó los ánimos.
— Expulsaron a algunos extranjeros del país por extorsión.
— Haremos una expedición a tierras exóticas.
— Tenía una complexión extravagante y una altura excesiva.
— Llegaremos en el exprés de medianoche para asistir a las exequias.
— Asistiremos en exclusiva a un pase extraordinario de modelos.
— Excavaremos esta zona, excepto junto a la bombona de oxígeno.

EL USO DE LA Z

• Se escribe con **z** al final de una palabra cuando su plural lo hace en **-ces** y con **d** cuando lo hace en **-des**.

audaz-audaces	*magnitud-magnitudes*
luz-luces	*maldad-maldades*

• Otras palabras también se escriben con **z**, y conviene conocer su correcta ortografía.

rareza	*zócalo*	*riqueza*	*coraza*
sazón	*refuerzo*	*certeza*	*taza*

EJEMPLOS

paz	*zarza*	*perdiz*	*dulzura*
azul	*secuaz*	*razón*	*perspicaz*
cruz	*zanja*	*cicatriz*	*carroza*
raza	*eficaz*	*panza*	*esbeltez*
faz	*zorra*	*tapiz*	*terraza*
mozo	*capaz*	*tizón*	*capataz*
feliz	*trozo*	*precoz*	*cerezo*
zona	*rapaz*	*fuerza*	*aprendiz*
coz	*zumo*	*escasez*	*corteza*

DICCIONARIO

capataz: jefe de una cuadrilla de obreros
esbeltez: estatura airosa
faz: cara, rostro
mozo: joven, criado, aprendiz
perspicaz: que tiene agudeza de vista o de comprensión
precoz: que se adelanta a sus iguales
rapaz: ave de rapiña; muchacho
secuaz: que secunda las ideas y los hechos de otro
tapiz: paño bordado como un cuadro
zanja: hoyo en la tierra de forma alargada

DICTADO

— Cruzó la zona de peligro velozmente.
— No es capaz de llegar con fuerzas suficientes.
— Ese trozo de zanja debe ser más largo y hondo.
— Sentaos en la terraza para que toméis un zumo.
— El mozo perdió la razón en plena lozanía.
— Hubo en la mezquita una manifestación por la paz.
— Me hace feliz acudir a la caza de la perdiz.
— Le produce tristeza la cicatriz que le quedará en la nariz.
— Fue una proeza encontrar unos zapatos azules.
— Es una belleza ver los cerezos en flor, aunque haya gran escasez en esta zona.

TEMA 46

El uso de la Ll. El uso de la Y.

EL USO DE LA LL

- En las terminaciones **-alle, -elle** y **-ello**, menos *plebeyo* y *leguleyo*.

valle	*muelle*	*sello*	*talle*
fuelle	*aquello*	*calle*	*atropello*

- En las palabras que terminan en **-illo** e **-illa**.

pitillo	*tornillo*	*villa*	*silla*
pastilla	*rodilla*	*cuchillo*	*rosquilla*

- En las palabras que comienzan por **fa-, fo-** y **fu-**.

fallecer	*folleto*	*falla*	*fullería*
folletín	*fallido*	*follaje*	*fallo*

EJEMPLOS

fallar	*batalla*	*rondalla*	*costilla*
gallego	*rollizo*	*cerilla*	*fallecimiento*
rollo	*semilla*	*bulla*	*capullo*
ballesta	*cabello*	*chillido*	*caballo*
chiquillo	*camello*	*calle*	*bellaco*
gallardía	*tresillo*	*barullo*	*pestillo*
ovillo	*destello*	*barquillo*	*embrollo*
doncella	*grillo*	*canalla*	*colilla*
puntilla	*muralla*	*pastilla*	*murmullo*

DICCIONARIO

fallo: error, equivocación; sentencia
falla: cortes en las capas geológicas; desperfecto
follaje: conjunto de vegetación
folleto: obra poco extensa, panfleto publicitario
fullería: trampas en el juego
tresillo: conjunto de tres cosas
pillo: astuto, sagaz, pícaro
ovillo: bola de hilo o lana devanada
puntilla: clavo; puñal corto; encaje
pestillo: cerrojo o pasador

DICTADO

— No puedes fallar cuando le extraigas la metralla.
— Visitaremos las huellas que la guerra dejó en la muralla.
— Lleva siempre pastillas contra la tos en el bolsillo.
— El chiquillo perdió las llaves del pabellón.
— Se oyó un murmullo en el rellano de la escalera.
— La doncella recogió el ovillo olvidado en el pasillo.
— Llegó la pandilla y comenzó el barullo en el barrio.
— Tiró al suelo la colilla del cigarrillo.
— Cuando vaya a Egipto daré un paseo en camello.
— El fallecimiento se produjo por un fallo del corazón.

EL USO DE LA Y

• Se usa **-y** al final de la palabra cuando no son palabras agudas o cuando, siéndolo, el acento no recae en la **-i**, como *marroquí, hurí, carmesí, confundí.*

grey	*Uruguay*	*Eloy*	*Godoy*

• En los tiempos de los verbos que no llevan ni **ll** ni **y** en su infinitivo.

oír-oyendo	*erguir-yergo*
ir-yendo	*caer-cayó*

• Hay muchas palabras que se escriben con **y** sin que respondan a reglas concretas.

plebeyo	*bayeta*	*payaso*	*enjoyar*
ensayar	*pléyades*	*disyuntiva*	*reyerta*

EJEMPLOS

rey	*estoy*	*fray*	*recluyó*
yerro	*cayo*	*huyó*	*guirigay*
muy	*cayendo*	*ley*	*poseyendo*
haya	*soy*	*oyendo*	*bocoy*
hoy	*oyó*	*carey*	*poseyó*
vaya	*voy*	*arguyó*	*virrey*
hay	*concluyó*	*convoy*	*joya*
boya	*buey*	*lacayo*	*bayoneta*

DICCIONARIO

bocoy:	tonel o garrafa muy grande
bayoneta:	puñal que se adosa al fusil
convoy:	lo que se transporta escoltado
guirigay:	conversación embarullada y confusa
cayo:	arrecife o arenal a flor de agua en el mar
yerro:	de errar, equivocación
boya:	señalización o amarradero en el agua
carey:	concha de la tortuga carey
lacayo:	sirviente o empleado en palacio

DICTADO

— Estoy muy interesada en esa joya tan atrayente.
— Hoy voy oyendo un nuevo ensayo en la radio.
— El buey es un animal rumiante que puede arrastrar grandes pesos.
— Su cónyuge poseyó grandes mansiones en el valle.
— Arguyó en el juicio diciendo que hay muchas interpretaciones a las leyes.
— Con la ayuda recibida, concluyó su trabajo rápidamente.
— Íbamos en el convoy acompañando a los ayudantes.
— Hay bonitos adornos de carey bellamente tallados.
— Pasó por entre las boyas de la ría para no embarrancar.
— El payaso parecía que estaba descoyuntado.

TEMA 47

El uso de la R. El uso de la P. El uso de la D.

EL USO DE LA R

- Se utiliza una sola **r** al principio de palabra.

rosa *rana* *rico* *rumor*

- Use una sola **r** después de las consonantes **n, l y s**.

enredo *Israel* *alrededor* *Enrique*

- Se escribe **doble rr** cuando va entre vocales.

arriba *carro* *errar* *barro*

- Cuando el segundo elemento de una palabra compuesta comienza por **r**, se escribe **doble rr**.

pelirrojo *pararrayos* *contrarreforma*

- Se mantiene una **r** cuando la segunda palabra va unida a la anterior por un guión.

hispano-romano *político-religioso*
anglo-ruso *radio-receptor*

EL USO DE LA P

- Hay muchas palabras que llevan **p** al final de sílaba, sin que exista regla alguna para decidirlo, pero conviene conocer su ortografía.

lapso *elipse* *inepto* *optar*
erupción *adepto* *cápsula* *triptongo*
interruptor *ruptura* *cripta* *apto*

EL USO DE LA D

- Se escribe **d** al final de palabra cuando el plural lo hace en **des**.

bondad *pared* *hermandad* *amistad*
red *humildad* *tempestad* *juventud*
necesidad *virtud* *voluntad* *debilidad*

EJEMPLOS SOBRE R, P, D

arrear	*israelita*	*arrebatar*	*irrisorio*
pared	*interceptar*	*reptil*	*óptimo*
descripción	*humanidad*	*dioptría*	*enrojecer*
enredar	*optimismo*	*perversidad*	*septiembre*
preceptor	*enrejar*	*óptica*	*urbanidad*
merced	*arroyo*	*corrupción*	*arrojar*

DICCIONARIO

interceptar: obstaculizar, obstruir, parar
corrupción: actividades deshonestas, injustas o ilegales
merced: premio, galardón, gracia
dioptría: medida de la pérdida de visión
perversidad: gran maldad y saña
reptil: ofidio, serpiente
urbanidad: buenos modales, cortesía
óptica: ciencia que estudia los fenómenos de la luz y la visión
preceptor: persona encargada de la educación de alguien

DICTADO

— Con las lluvias, el arroyo aumentó su caudal.
— El atleta está en óptimas condiciones para la competición.
— Se rompió el timón y el banco quedó a merced del viento.
— No me arrebatarás los juguetes de forma capciosa.
— La descripción del paisaje no daba opción a confusiones.
— En las selvas y en las plantaciones de plátanos abundan los reptiles.
— En esta pared tenía colgados los cuadros de temas egipcios.
— Arrojaremos los pescados al mar, porque se han descompuesto.
— Yo no miro las cosas desde esa óptica tan optimista.
— Debes captar la diferencia entre diptongo y triptongo.

TEMA 48

Las conjugaciones verbales.
El verbo llenar. El verbo llevar.

LAS CONJUGACIONES VERBALES

EL VERBO LLENAR

MODO INDICATIVO

Presente	lleno, llenas, llena, llenamos, llenáis, llenan
Pret. Perf.	he llenado, has llenado,... han llenado
Pret. Imp.	llenaba, llenabas, llenaba, llenábamos, llenabais, llenaban
Pret. Plus.	había llenado,... habíamos llenado,... habían llenado
Pret. Indef.	llené, llenaste, llenó, llenamos, llenasteis, llenaron
Fut. Imp.	llenaré, llenarás, llenará, llenaremos, llenaréis, llenarán
Fut. Perf.	habré llenado,... habrá llenado,... habrán llenado
Condic. Simp.	llenaría, llenarías, llenaría, llenaríamos, llenaríais, llenarían.
Condic. Comp.	habría llenado, habrías llenado, habrían llenado

MODO SUBJUNTIVO

Presente	llene, llenes, llene, llenemos, llenéis, llenen
Pret. Perf.	haya llenado,... hayamos llenado,... hayan llenado
P. Imp. 1ª f.	llenara, llenaras, llenara, llenáramos, llenarais, llenaran
P. Imp. 2ª f.	llenase, llenases, llenase, llenásemos, llenaseis, llenasen
P. Plus. 1ª f.	hubiera llenado,... hubierais llenado, hubieran llenado
P. Plus. 2ª f.	hubiese llenado,... hubiésemos llenado,... hubiesen llenado
Fut. Imp.	llenare, llenares, llenare, llenáremos, llenareis, llenaren
Fut. Perf.	hubiere llenado,... hubiéremos llenado,... hubieren llenado

MODO IMPERATIVO

Presente	llena tú, llenad vosotros

FORMAS NO PERSONALES

Infinitivo Simple	llenar
Infinitivo Compuesto	haber llenado
Gerundio Simple	llenando
Gerundio Compuesto	habiendo llenado
Participio Simple	llenado

EL VERBO LLEVAR

MODO INDICATIVO

Presente	llevo, llevas, lleva, llevamos, lleváis, llevan
Pret. Perf.	he llevado, has llevado,... han llevado
Pret. Imp.	llevaba, llevabas, llevaba, llevábamos, llevabais, llevaban
Pret. Plus.	había llevado,... habíamos llevado,... habían llevado
Pret. Indef.	llevé, llevaste, llevó, llevamos, llevasteis, llevaron
Pret. Anter.	hube llevado,... hubisteis llevado,... hubieron llevado
Fut. Imp.	llevaré, llevarás, llevará, llevaremos, llevaréis, llevarán
Fut. Perf.	habré llevado,... habrá llevado,... habrán llevado
Condic. Simp.	llevaría, llevarías, llevaría, llevaríamos, llevaríais, llevarían
Condic. Comp.	habría llevado, habrías llevado,... habrían llevado

MODO SUBJUNTIVO

Presente	lleve, lleves, lleve, llevemos, llevéis, lleven
Pret. Perf.	haya llevado,... hayáis llevado, hayan llevado
P. Imp. 1ª f.	llevara, llevaras, llevara, lleváramos, llevarais, llevaran
P. Imp. 2ª f.	llevase, llevases, llevase, llevásemos, llevaseis, llevasen
P. Plus. 1ª f.	hubiera llevado,... hubiéramos llevado,... hubieran llevado
P. Plus. 2ª f.	hubiese llevado,... hubiésemos llevado,... hubiesen llevado
Fut. Imp.	llevare, llevare, llevare, lleváremos, llevareis, llevaren
Fut. Perf.	hubiere llevado,... hubiereis llevado, hubieren llevado

MODO IMPERATIVO

Presente	lleva tú, llevad vosotros

FORMAS NO PERSONALES

Infinitivo Simple	llevar
Infinitivo Compuesto	haber llevado
Gerundio Simple	llevando
Gerundio Compuesto	habiendo llevado
Participio Simple	llevado

EJERCICIOS PERSONALES

- 48.1. Escriba el presente de subjuntivo del verbo **llenar**.

- 48.2. Escriba el condicional simple del verbo **llenar.**

- 48.3. Escriba el futuro imperfecto de indicativo del verbo **llenar**.

- 48.4. Escriba la primera forma del pretérito pluscuamperfecto de subjuntivo del verbo **llenar**.

- 48.5. Escriba el futuro perfecto de subjuntivo del verbo **llenar**.

- 48.6. Escriba el presente de indicativo del verbo **llevar**.

• 48.7. Escriba el pretérito indefinido del verbo **llevar**.

• 48.8. Escriba el pretérito anterior del verbo **llevar**.

• 48.9. Escriba la segunda forma del pretérito imperfecto de subjuntivo del verbo **llevar**.

• 48.10. Escriba el futuro imperfecto de subjuntivo del verbo **llevar**.

• 48.11. Escriba el gerundio compuesto del verbo **llenar** y del verbo **llevar**.

• 48.12. Escriba el imperativo del verbo **llenar** y del verbo **llevar**, teniendo en cuenta sólo el singular y el plural de la segunda persona, pues son las dos únicas formas que reconoce la Real Academia de la Lengua.

• 48.13. Redacte una frase con cada una de las formas del verbo **llenar** que tiene a continuación.

lleno
llené
llenó
llenaba
llanarás
llenes
llenaste
llenéis
llenarán
llenemos
llenábamos
llenaríais
llenáramos
llenáremos
llenaseis

habiendo llenado
hube llenado
habíais llenado
hayan llenado
hubieron llenado
habrías llenado
hubiesen llenado
habrán llenado
hubiere llenado
hubiera llenado

• 48.14. Anote, igualmente, una frase en la que incluya cada una de las siguientes formas verbales de **llevar**.

llevo
llevé
lleve
lleva
lleven
llevaba
llevase
llevas
llevábamos
llevaríamos
llevéis
llevabais
llevares
llevásemos
llevaste

haber llevado
hayas llevado
has llevado
habremos llevado
hubiéramos llevado
habían llevado
hubieron llevado
hubieseis llevado
habrías llevado
hubieren llevado

DICTADO DE FRASES

Ejercicio 1

— Lléveselo mañana y entréguemelo luego completo.
— Llevamos el perro al veterinario para ver qué le pasaba.
— Tiene la casa llena de antigüedades, especialmente de ídolos precolombinos hechos con piedra volcánica.

— Los alumnos llevan puesto el uniforme del colegio todos los días.
— Llévatelo de una vez, para que podamos terminar el proyecto.
— Llevé el traje a limpiar a la tintorería, porque estaba sucio.
— Estoy lleno de euforia por el resultado de los exámenes para la selección de los premios extraordinarios.
— Cuando vea que va a llover, llevaré el paraguas.
— Llevémoslo pronto al quirófano y esperemos atajar la crisis.
— Si hace frío, tendré que llevar el abrigo en el viaje.

Ejercicio 2

— Compra una novela de ciencia ficción y llévamela al aula de literatura.
— Siempre llevaba gafas oscuras cuando intervenía en la televisión, porque le molestaban los focos.
— Me ha llenado de satisfacción el regalo que me has hecho.
— Llevaría a reparar el auto, si viera que no funciona bien.
— Toma las llaves del auto y lléname el depósito de gasolina.
— Llevaba una azarosa vida, llena de adversas y desafortunadas circunstancias.
— Debemos llenar todas las cajas, para que quepa el mayor número de plátanos.
— Estaba eufórica, porque había llevado un próspero negocio y ahora recogía los frutos de su intrépida decisión.
— Esperemos que este invierno quede lleno el pantano, pero es necesario que haya lluvias copiosas.

TEMA 49

Actividades de evaluación parcial número 7.

• 49.1. Construya algunas frases con las siguientes palabras que se escriben con **g**:

efigie	*tragedia*	*faringe*	*sufragio*
mágico	*gigante*	*página*	*elogio*
tangente	*magisterio*	*región*	*original*
regio	*sugestión*	*marginal*	*falange*
girasol	*egregio*	*exigencia*	*regimiento*

• 49.2. Escriba las siguientes frases y cuide la ortografía de la **g** en las palabras adecuadas.

— Junto con las anginas se le había irritado la faringe.
— En la siguiente página encontrarán un gran poema lírico.
— Tengo una infección en la faringe bastante molesta.
— La semilla de girasol sirve para fabricar un aceite muy apreciado.
— Egregias personalidades asistirán al regio banquete del domingo.
— Se indignaron al conocer la infausta tragedia.
— La región más fresca del territorio venezolano se concentra en las estribaciones andinas.
— Colocaron una estatua gigante en homenaje al magisterio nacional.
— Perdió la falange del dedo índice y del pulgar manejando una cizalla para cortar cartones.
— Solía escribir acotaciones marginales en las páginas de los libros.

• 49.3. Copie las siguientes palabras y construya con ellas frases, observando que llevan **g** al final de sílaba.

digno	*fragmento*	*magnitud*	*lignito*
iceberg	*dogma*	*insigne*	*indigno*
segmento	*estigma*	*resignar*	*insignia*
magno	*ring*	*magnolia*	*magnífico*
enigma	*signo*	*indignar*	*maligno*
zigzag	*impugnar*	*signar*	*magnicidio*

• 49.4. Anote las siguientes frases; cuidando la ortografía, especialmente de la **g**.

— Seleccionó los fragmentos más interesantes de la novela.
— No me resigno a seguir soportando este estigma.
— Es un digno representante del insigne país anfitrión.
— Parecen un enigma los sucesos del triángulo de las Bermudas.
— Al sobrevolar el Océano Glacial Ártico, pudimos observar un enorme iceberg.

— Se habla de magnitudes macroeconómicas.
— Es famoso el magnicidio ocurrido en Dallas.
— Subieron al ring dispuestos a conseguir la insignia de vencedor.
— Eres indigno de poseer esa condecoración.
— Decidieron impugnar unas resoluciones tan dogmáticas.

• 49.5. Construya frases con algunas de las siguientes palabras que se escriben con **j**.

hijo	*objeción*	*vejestorio*	*crujía*
aljibe	*jirafa*	*envejecer*	*ojeada*
mejicano	*bujía*	*mejillón*	*entretejer*
objeto	*mejilla*	*enajenar*	*jinete*
trajín	*crujido*	*objetar*	*cejijunto*

• 49.6. Copie las siguientes frases y observe, especialmente, la utilización de la **g** y la **j** en las diferentes palabras.

— Tengo guardadas las tijeras en el cajón del escritorio.
— Traje un vendaje para proteger la región contusionada.
— Sigilosamente había estado infligiendo ultrajes a la gente.
— No podía injerir el refrigerio que trajeron para su faringe.
— Objetaba que el jersey estaba hecho de un tejido viejo.
— No distraigas al jinete con sugerencias marginales.
— El negocio de carruajes va en auge y funciona ágilmente.
— La jirafa era acosada por una jauría de perros salvajes.
— Corrígele con rigidez, pues no debe ultrajar al prójimo.
— Tengo un traje viejo que servirá para el viaje a la mina de lignito.

• 49.7. Redacte frases cortas con las siguientes palabras que se escriben con **c** al final de sílaba.

lector	*aflicción*	*fracción*	*efecto*
aspecto	*octógono*	*corrección*	*extracto*
estricto	*correcto*	*octubre*	*arquitecto*
sector	*dirección*	*defecto*	*pacto*
actor	*técnica*	*perfecto*	*destructor*
dicción	*recta*	*dictado*	*actual*

• 49.8. Anote las siguientes frases y observe la diferente grafía entre palabras que deben distinguirse por el uso de la **ll** o la **y**.

— Lavo la ropa en el arroyo y la arrollo para llevar menos peso.
— Se halla estupefacto porque no cree que haya hecho bien.
— Había un pollo que estaba apostado en un poyo de piedra.
— La olla estaba hirviendo protegida del viento por una hoya del terreno.
— El pastor amenazó con su cayado al intruso y lo dejó callado.
— Conviene que vaya a poner este cartel en la valla del colegio.
— No huya tan rápido porque haya tomado un poco de hulla para el fuego.

• 49.9. Construya frases con las siguientes palabras que se escriben con **g** o con **j**.

tarjeta	*ligereza*	*agujerear*	*legislación*

benigno	*quejido*	*impregnar*	*perplejidad*
jirón	*ignorar*	*majestad*	*astigmatismo*
ignoto	*perejil*	*amígdalas*	*apoplejía*
bajel	*lógica*	*aventajar*	*sacrilegio*

• 49.10. Copie las siguientes frases y cuide la ortografía, especialmente de la **g** y la **j**.

— Debíamos compaginar los intereses del gallego con los del galés y del noruego.
— No seas egoísta con el prójimo, sino magnánimo y generoso.
— El galán envió a un jinete para entregar la joya a la virgen.
— Produjo indignación el magnicidio que se intentó cometer con Juan Pablo II.
— El jazmín es una bellísima flor pequeñita, que exhala un fragante olor.
— Para comprender el enunciado del problema, dibuja un segmento circular.

• 49.11. Construya frases con las siguientes palabras que se escriben con **c**, con **s**, con **x** o con **z**.

bacteria	*marzo*	*exceso*	*viceversa*
manzana	*designio*	*magnesia*	*confección*
excitar	*axioma*	*calefacción*	*mazmorra*
oxidar	*visillo*	*virtuoso*	*peonza*
cinc	*conducta*	*pereza*	*boxeo*
pellizco	*taxi*	*compacto*	*visitar*

• 49.12. Para terminar los ejercicios de esta evaluación, antes del dictado, conviene que redacte unas frases con las siguientes palabras que se escriben con **ll** o con **y**.

subrayar	*belleza*	*desmayar*	*vasallo*
ampolla	*tuyo*	*aquella*	*tocayo*
cónyuge	*apellido*	*descoyuntar*	*argolla*
botella	*suyo*	*billete*	*trayectoria*
cuyo	*billón*	*subyugar*	*pabellón*

FRASES PARA EL DICTADO

Ejercicio 1

— Estoy indignado por el tratamiento dado al subyugante bienhechor.
— El rayo no pudo soslayar las atrayentes succiones del pararrayos.
— Se adentró por ignorados caminos y llegó a ignotas regiones.
— Salió un convoy con víveres para socorrer a los náufragos.
— Con la concha de la tortuga carey, hacían bellas miniaturas.
— Hay una técnica especial para esmaltar argollas de hierro.
— Ahora voy a comprar un billete de avión para Uruguay.
— El que no es agradecido, no es bien nacido y se hace indigno de cualquier homenaje.
— Ya estoy dispuesto a interceptar la trayectoria del proyectil.

Ejercicio 2

— Entre las figuras mitológicas podemos citar a las náyades y las pléyades.

— Benigno usa gafas porque padece astigmatismo miópico.
— Hoy voy a ver una atrayente película divulgativa sobre el azufre.
— Ignacio asegura haber descubierto una mina de lignito.
— Hoy desfilarán los soldados, haciendo los honores al Rey y al Presidente del Gobierno que nos visitan oficialmente.
— Ahora debes pegar los fragmentos esparcidos del jarrón que has roto con la experimentación.
— Un sector de los insurrectos hizo un pacto de amnistía con el Gobierno.
— En esta planificie puede sembrarse una parcela con cerezos y otra con calabazas.
— Hubo varias temporadas en que la escasez de uvas provocó un alza en el precio del vino.
— Había subrayado con rayas verdes todos los diptongos y los hiatos del fragmento.

TEMA 50

Prácticas de evaluación global.

REPASO SOBRE LAS PRECEDENTES ACTIVIDADES DE EVALUACIÓN PARCIAL

• 50.1. Copie las siguientes palabras y coloque la tilde en las que la necesiten.

liquidar	*multiples*	*medano*	*lider*	*bateria*
cacique	*segun*	*club*	*mirandolos*	*tunel*
sigueme	*vagon*	*animacion*	*mitin*	*satelite*
cansino	*bombon*	*rail*	*guerra*	*cristal*

• 50.2. Coloque la tilde en los siguientes vocablos que la necesiten.

Parana	*Rancagua*	*Asuncion*	*Ayacucho*	*Yucatan*
Michoacan	*Junin*	*Veracruz*	*Montevideo*	*Belgica*
Iquitos	*Brasil*	*Tacna*	*Huanuco*	*Panama*
Napoles	*Patagonia*	*Canada*	*Bahia Blanca*	*Huaras*

• 50.3. Anote las siguientes frases y tenga cuidado al aplicar la tilde en monosílabos y otras partículas que desempeñan funciones gramaticales diversas.

— ¿Cual es el responsable de esta sección del Ministerio de Trabajo?
— Pregúntele cuantos años tenía cuando fue Fiscal General.
— Yo se que no me darías estos disgustos si me quisieras realmente.
— ¿Donde habrá un repuesto para reparar este motor?
— Como has visto, solo el pudo hacerlo solo.
— El Ministro de Educación Nacional dijo que si al proyecto.
— En esa casa se que se venden huevos frescos de campo.
— ¿Que tendrá el agua cuando la bendicen?
— Yo tengo entendido que el te escribió ayer mismo.

• 50.4. Copie las siguientes frases, en las que aparecen palabras compuestas.

— Antenoche visitamos a los abuelos en su aniversario.
— Llegó a medianoche y con un gran cansancio.
— Lo hizo todo en un santiamén y se marchó a casa.
— Tenía que comprar la entretela para hacer las hombreras.
— No encontraba el sacacorchos para abrir la botella.
— En el Evangelio se habla de los bienaventurados.
— El quehacer diario es muy monótono.
— Te tienes que sobreponer ante los infortunios.
— Vino un guardacostas a socorrernos durante la borrasca.

• 50.5. Subraye las palabras compuestas que ha copiado en el ejercicio anterior.

• 50.6. Redacte frases con las siguientes palabras que contienen algún prefijo latino.

convenir	*indiscreción*	*inconmovible*	*inducir*	*inexcrutable*
exhortar	*inhalación*	*inhóspito*	*deshonra*	*desenvoltura*
exportar	*desgobernar*	*desencoger*	*exhorbitar*	*infectar*

• 50.7. Copie las siguientes frases y cuide el uso de la **b** en las palabras adecuadas.

— El avión entró en barrena y acabó estrellándose en el barranco.
— En la barricada asomaban amenazadoras bayonetas.
— La baranda está hecha con fuertes barras de hierro fundido.
— Entre los barriles llenos de basura y el barro de las riadas era imposible transitar.
— El banquero entró en un bazar para comprar una batuta.
— Cuece las batatas envolviéndolas en bayetas húmedas.
— Fabrican fuertes botas con la piel del becerro y del cerdo.
— Recibió el bautismo en esta basílica nueva que acaban de bendecir.

• 50.8. Construya frases cortas con las siguientes palabras que se escriben con **b** o con **v**.

bolillo	*bofetada*	*vasallo*	*bohemio*	*vanidad*	*bolsa*
verbena	*vacante*	*bogar*	*bonanza*	*bola*	*vejez*
vainilla	*bólido*	*bonancible*	*bolero*	*vajilla*	*bolso*
verruga	*bolsillo*	*boleto*	*vasija*	*boletín*	*vender*

• 50.9. Anote las siguientes frases y observe, especialmente, las palabras que se escriben con **b** y con **v**.

— El vendaval avivó la llama de la hoguera pero la lluvia la apagó.
— Debemos evitar beber agua de charcas estancadas.
— Exigimos que los víveres se envuelvan en papel limpio y satinado.
— Los romanos llamaban bárbaros a los pueblos extranjeros.
— El jaguar tiene una gran viveza y es uno de los más veloces.
— Tras ímprobos esfuerzos de los socorristas, revivió el ahogado.
— Devuelve a su dueño el objeto que encontraste en el trabajo.
— Los árabes han abandonado el uso habitual de la babucha.
— Convivamos en armonía con los vecinos de las viviendas contiguas.
— Habla claro y seguido, porque no se entiende lo que dices con esos balbuceos.

• 50.10. Copie las siguientes palabras, redacte algunas frases con ellas y observe la utilización de la **h**.

deshacer	*deshojar*	*osario*	*hiena*	*osamenta*
homogéneo	*deshora*	*huevo*	*oquedad*	*hemisferio*
anhelo	*rehacer*	*cohesión*	*hueso*	*ovalado*
huimos	*deshonra*	*hierro*	*orfanato*	*huérfano*

• 50.11. Anote las siguientes frases y cuide, especialmente, la correcta utilización de la **h**.

— Habíamos pasado la tarde en el hipódromo.

— Habitábamos en una casa muy húmeda.
— La herencia recibida les sacó de apuros.
— Buscamos más adelantos para la humanidad.
— El huracán asoló la bahía y sus edificaciones.
— Rendiremos un hermoso homenaje al héroe nacional.

• 50.12. Redacte frases cortas con las siguientes palabras que se escriben con **g** o con **j**.

legible	*legislar*	*nitrógeno*	*mujer*	*naufragio*	*álgebra*
higiene	*ágil*	*jesuita*	*frágil*	*aventajar*	*jerarquía*
mugido	*conjetura*	*agitación*	*guajiro*	*fingido*	*ilegible*

• 50.13. Copie las siguientes frases atendiendo, especialmente, la ortografía de la **g** y la **j**.

— Intentaron plagiar una página de la novela.
— Hicimos muchas conjeturas para descifrar el mensaje.
— Demostró gran agilidad con los ejercicios de gimnasia.
— Dio una rápida ojeada al objeto roto.
— Trataron con mucha higiene la hemorragia.
— Aplica la legislación a su gusto y con gran ligereza.

• 50.14. Construya frases con las siguientes palabras que se escriben con **c**, con **s**, con **x** o con **z**.

exponer	*ficción*	*solemne*	*sazón*	*sección*	*nobleza*
técnica	*ortodoxia*	*expoliar*	*lección*	*taza*	*lactancia*
seso	*nazareno*	*insecto*	*mixto*	*dieciséis*	*rector*
nexo	*savia*	*paliza*	*usar*	*riqueza*	*experto*

• 50.15. Escriba las siguientes frases y cuide la correcta utilización de la **r**, la **p** y la **d**.

— Aceptó acompañarlo en un viaje alrededor del gran lago.
— Captaremos el origen del enredo con sonrisas y sin perversidad.
— Encontramos una cápsula en el hueco de la pared.
— La juventud se suele enredar en problemas cuando acepta proposiciones capciosas.
— El hombre que es honrado valora mucho la virtud de la amistad.

• 50.16. Redacte algunas frases con las siguientes palabras que se escriben con **ll** e **y** .

holla	*atalaya*	*collar*	*yeso*	*cordillera*	*yodo*
cuello	*patrulla*	*ayer*	*gallina*	*yugo*	*huella*
pillaje	*hoyo*	*hollín*	*atrayente*	*pellizco*	*guillotina*
yesca	*galleta*	*inyección*	*pellejo*	*pararrayos*	*yerto*

FRASES PARA EL DICTADO

Ejercicio 1

— Demos un paseo en el tractor para que veas cómo crece la siembra.

— Sus declaraciones han producido gran malestar en el empresario del sector textil.
— Las pilas eléctricas contienen cinc y cobre entre sus componentes.
— Tenía ilusión por visitar un templo católico en Japón.
— No olvides que la bondad es una bella virtud, digna de alabanza.
— Han puesto de Vicerrector a un físico-químico especializado en la estructura molecular de la célula.
— Desde los balcones y azoteas aclamaban a los personajes que iban en la bella carroza tirada por briosos corceles.
— En el Océano Glacial Ártico existe una isla que se llama tierra de Francisco José, perteneciente a la ex Unión Soviética.
— Las malas acciones repugnan a las buenas conciencias y no se resignan a soportarlas.
— Cuando comiencen las clases, estudiaremos todo lo necesario sobre los insectos.

Ejercicio 2

— Realiza correctamente el planteamiento del problema, para que sean correctos el desarrollo y la solución.
— Llevará consigo todas sus pertenencias, pero dejará aquí el piano para que puedas practicar hasta el concierto.
— En este colegio convendría instalar calefacción, para que las actividades docentes se desarrollen en un ambiente más confortable.
— En una ocasión tuve oportunidad de asistir al Festival de Viña del Mar.
— Se llama borrego al cordero de pocos meses que aún sigue dócilmente a su madre, la oveja.
— Hizo un magnífico examen de geografía, porque le tocó un tema que conocía a la perfección.
— Era un médico con métodos enteramente originales.
— El cazador fue pillado in fraganti cuando quitaba los bozales a los perros de presa.
— Estamos haciendo un estudio socioeconómico del Imperio Austro-Húngaro antes de la Primera Guerra Mundial.
— El hombre que recurre a la violencia, en vez de dialogar, no tiene razones ni razonamientos.

TEMA 51

Homónimos. Número 1.

• Sin entrar a hacer distinciones semánticas sobre las diferencias que pueden hacerse dentro de los vocablos homónimos, entre homófonos y parónimos, presentamos una serie de palabras que pueden presentar dificultades ortográficas, por la diferente grafía de unos sonidos semejantes.

a, preposición .... *ha,* del verbo haber
abalanzar, lanzar... *avanzar,* lanzar adelante
abeja, insecto .... *oveja,* hembra del carnero
ablando, de ablandar .... *hablando,* del verbo hablar
absolver, perdonar .... *absorber,* beber
abría, de abrir... *habría,* de haber
actitud, postura .... *aptitud,* idoneidad
afición, inclinación .... *afección,* alteración
agravado, de grave .... *agraviado,* ofendido
alado, que tiene alas................................... *halado,* de halar, tirar
alhaja, joya .... *aloja,* de alojar
aparte, de apartar, apartado .... *a parte,* preposición y nombre
aprender, instruirse...................................... *aprehender,* prender
aré, de arar .... *haré,* de hacer
arca, caja .... *horca,* para ahorcar

COMPLETAR FRASES

• 51.1. Copie las siguientes frases y sustituya los puntos por la palabra adecuada de entre las presentadas en este tema:

— Estaba tan decidido, que se quería... sobre su contendiente.
— Siempre que llegaba un invitado... una botella.
— Mi novio me ha obsequiado una... valiosísima.
— El coronel mandó... sobre las líneas enemigas.
— Como no lo soporta, toma una... agresiva con él.
— Cuando viene a casa siempre se... en esta habitación.
— Demostró en la profesión que tenía unas... y unas cualidades extraordinarias.
— En mi país se llenan los estadios porque hay mucha... al fútbol.
— Nunca se sintió humillado ni... por la actitud de su mujer.
— El sacerdote suele... los pecados de los penitentes contritos.
— Es muy difícil que la tierra pueda... todo el agua.
— Las... son los insectos que producen miel.
— Cuando supriman la pena de muerte, desaparecerá la...

FRASES PARA EL DICTADO

— Un enjambre de abejas picó a las ovejas que estaban cerca.
— Siempre abría la botella con suavidad, porque de otro modo se habría derramado el champán.
— Desmontaremos la horca y la colocaremos junto al arca en la sala de exposiciones.
— Mientras pongo en ablando la ropa, estoy hablando con mis vecinas.
— Está agraviado con sus amigos, porque se había agravado su enfermedad y no le visitaron.
— Aré toda la tierra; he esperado a que se oree y ahora haré la siembra del maíz.
— No es prudente alojar en casa a los invitados sin que alguien cuide especialmente de las alhajas.
— Tiene mucha afición al baile, pero ahora le impide practicar la afección reumática que padece.
— Aprendía a manejar el coche cuando fue aprehendido a causa de pasadas infracciones.
— Tiene grandes aptitudes para el cargo, aunque su actitud agresiva es un inconveniente.
— Dijo que no volvería a absolver a nadie que intentara absorber varios salarios para sí, mientras hubiera tanta gente en paro.
— Quiso poner aparte e incomunicados, a parte de los trabajadores que se habían apartado del proyecto oficial.

OTROS EJERCICIOS

• 51.2. Redacte frases en las que utilice correctamente los siguientes vocablos presentados en este tema.

actitud	*aptitud*	*abeja*	*oveja*	*ablando*
abría	*hablado*	*alado*	*halado*	*afección*
afición	*a parte*	*agravado*	*arca*	*alhaja*

• 51.3. Redacte otras frases con estas otras palabras que están en relación con las presentadas en el tema:

aficionéis	*avanzaríamos*	*agraviases*	*absolvió*
abalanzando	*alojando*	*ablandaremos*	*habríais*
aprendieseis	*absorbido*	*harán*	*aprehenderán*
arado	*ahorcado*	*apartaréis*	*aptitudinal*

TEMA 52

Homónimos. Número 2.

HOMÓNIMOS

arte, habilidad	*harte,* de hartar
arrollo, de arrollar	*arroyo,* corriente pequeña de agua
as, naipe, campeón	*has,* de haber
asar, verbo	*azar,* casualidad
asta, cuerno, lanza	*hasta,* preposición
avía, de aviar, preparar, arreglar	*había,* de haber
ávido, ansioso	*habido,* de haber
ahí, adverbio	*hay,* de haber
ayes, quejidos lastimosos	*halles,* de hallar
azar, casualidad	*azahar,* flor de los cítricos
bacilo, microorganismo	*vacilo,* de vacilar
bala, proyectil	*vela,* luz de cera; pieza de lona en el mástil de un barco
balido, de balar	*válido,* de valer
banda, faja, cinta, gente	*venda,* cinta que sujeta
bandido, perverso	*vendido,* de vender

COMPLETAR FRASES

• 52.1. Copie las siguientes frases, sustituyendo la línea de puntos en cada párrafo por la palabra que considere adecuada de entre las presentadas en este tema:

— Ha habido mucha gente hoy que está... de noticias sobre el accidente.
— Eché canela a las manzanas cuando las puse a... en el horno.
— Había traído todos los elementos con los que se... y se condimenta una buena comida.
— Descubrí por el olor que cerca había unos naranjos con... florecido.
— Paseaba por la carretera que bordea el arroyo cuando le... un vehículo.
— Comamos esas fresas que... en ese huerto de ahí cerca.
— Con tantos... lastimeros no hallé la forma de comenzar la ceremonia.
— Le sacaron del brazo una... sólo con la débil luz de una vela.
— Has de saber que en este juego el... no cuenta nada.
— El toro le había clavado el... hasta medio muslo.

FRASES PARA EL DICTADO

— Vacilo en entrar en ese hospital, porque por un azar puedo agarrar un bacilo y se me contagiaría cualquier enfermedad.

— Como llueve, sabe que, mientras avía a la niña, se mojan todas las sábanas que había tendido al azar.
— Estaba ávido de zambullirse en el primer arroyo que encontrase, porque estaba harto del calor que había habido ese día.
— Cuando halles un árbol con azahar, es que ahí hay posibilidad de hallar limones.
— El as de los bandidos ha vendido la alhaja que me robó del arca.
— Has de saber que la bandera debe llegar hasta lo alto del asta.
— Estuvimos en vela, velando al cadáver del hombre que había sido asesinado por la bala de un bandido.
— No es por azar que emite ayes lastimeros, pues ni la venda puede contener la hemorragia de la herida que le hicieron los de la banda enemiga.
— Había matado un venado y lo puso a asar, pero se chamuscó el asta del animal y olía muy mal.
— Ya sé que no es válido conducir a tanta velocidad, porque si arrollo a las ovejas esas, sus balidos me van a volver loco y tendría que arrojarme al arroyo.

OTROS EJERCICIOS

• 52.2. Redacte frases en las que utilice correctamente los siguientes vocablos presentados en el tema.

banda	*as*	*válido*	*ayes*	*vela*
ahí	*balido*	*hasta*	*bacilo*	*azar*
azahar	*hay*	*ávido*	*asta*	*bandido*

• 52.3. Escriba otras frases con las siguientes palabras que están en relación con las presentadas en el tema.

hallásteis	*en vela*	*habiendo*	*artesanía*
hartéis	*vendado*	*venta*	*balacera*
vacilación	*arrollaremos*	*bandada*	*válidamente*

TEMA 53

Homónimos. Número 3.

HOMÓNIMOS

barón, título nobiliario .... *varón,* hombre
barra, tira de metal .... *vara,* rama
basar, apoyar, fijar .... *bazar,* tienda
base, fundamento .... *vase,* de irse
baso, de basar .... *vaso,* recipiente
basto, ordinario, tosco .... *vasto,* extenso, dilatado
bate, acción de batir .... *vate,* poeta
bello, hermoso .... *vello,* pelo
besar, acariciar con los labios .... *visar,* examinar
bestia, animal, bruto .... *vestía,* de vestir
bienes, posesiones .... *vienes,* de venir
bobina, carrete .... *bovino,* ganado vacuno
bota, calzado, vasija .... *vota,* acción de votar

COMPLETAR FRASES

• 53.1. Anote las siguientes frases y sustituya los puntos por una palabra adecuada al sentido del texto, escogiéndola de entre las expuestas en este tema.

— Le concedieron el título de... por sus servicios prestados a la corona.
— Con esa... podría hacerse un buen bastón.
— Madrid fue una pequeña..., pero hoy es una ciudad moderna y populosa.
— Compramos un tejido bastante..., pero útil y resistente.
— Al llegar a la frontera tienen que... el pasaporte.
— Cuando hace pasteles, ... durante mucho tiempo las claras de huevo.
— Al llegar a la casa de campo pudimos ver un... ejemplar equino.
— Verás un hermoso caballo si... con nosotros a la cuadra.
— He comprado varias cabezas de ganado... para cruzar con mis vacas.
— Esta es la... fundamental de toda mi argumentación.
— Me invitó a un buen... de vino chileno.
— Todo esto lo compramos en un... de Casablanca.
— Un buen ciudadano siempre... en los comicios electorales.

FRASES PARA EL DICTADO

— El barón de Ocaña es el propietario de este club para varones, en el que no se permite la entrada a ninguna mujer.

— La baronesa se basó en este incidente para instalar un bazar de antigüedades con todos los bienes disponibles.
— El dependiente ha debido romper este vaso; baso esta afirmación en que lo vi con él hace sólo un instante.
— Las jóvenes de esta villa son muy bellas y han inspirado los versos del vate local.
— Si tienes que ir a votar en este día de lluvia y frío, será mejor que te pongas las botas y te abrigues bien.
— ¿Vienes a conocer la casa que, además de unos bienes incalculables, posee una vasta colección de obras de arte?
— Algunos aficionados a los toros siempre llevan una bota de vino a la corrida.
— Ha puesto unas barras tan altas en el camión, que, a veces, tropiezan con las varas de los árboles cercanos a la carretera.
— Con esa bobina de hilo no podrás coser estos tejidos tan bastos.

OTROS EJERCICIOS

- Construya frases en las que utilice correctamente los siguientes vocablos:

basto	*varones*	*besaron*	*bienes*
bobina	*batiendo*	*barrita*	*base*
votarán	*basaréis*	*visen*	*vienes*
vello	*vasos*	*bota*	*vastas*
vate	*bellísima*	*bovino*	*villorrio*

TEMA 54

Homónimos. Número 4.

HOMÓNIMOS

botar, saltar, arrojar	*votar,* emitir un voto
bote, barco, salto, vasija	*vote,* de votar
cabal, completo	*cavar,* mover la tierra
cabe, de caber	*cave,* de cavar
cabida, capacidad	*cavidad,* hueco
calló, de callar	*cayó,* de caer
carabela, embarcación	*calavera,* cráneo
cohesión, coherencia	*conexión,* enlace, contacto
combino, de combinar	*convino,* de convenir
contexto, contenido de la idea	*contesto,* de contestar
derribar, echar a tierra	*derivar,* traer origen
desbastar, quitar lo basto	*devastar,* arrasar, destruir
deshecho, de deshacer	*desecho,* de desechar, desperdicio
desusado, perdido el uso	*rehusado,* rechazado
discreción, sensatez	*disección,* acción de disecar

COMPLETAR FRASES

• 54.1. Escriba las siguientes frases y sustituya los puntos con las palabras adecuadas de entre las presentadas en este tema.

— Si no caben ahí las plantas, habrá que... la tierra en esta zona.
— Cave usted un hoyo más grande, para dar... a todas estas raíces.
— Cuando se hundía el barco, todos subieron al... salvavidas.
— Las prácticas de... son importantes en la clase de anatomía.
— Con el resto de colonia llenó un... de cristal.
— Si te montas en ese caballo sin domar, te puede... en cualquier momento.
— Al hacer esa instalación debes... un cable de masa a tierra.
— Me lo dijo con gran..., para que no se enteraran los demás.
— Las... en las que viajaban los conquistadores eran de madera.
— No entiendo esa frase, pero por el... podré conocer su significado.
— Conseguiré ese color, si... estas otras tonalidades de rojo.
— Para que llegue la corriente eléctrica debes hacer la... de estos cables.

FRASES PARA EL DICTADO

— Los ciudadanos cantaron y botaron de gozo, cuando supieron que en breve podrían votar y elegir a sus representantes.

— Dejó de hablar y se calló cuando tropezó, y de improviso se cayó al agua.
— Mandé a unos obreros a que me desbastaran los potreros de la hacienda, y cuando quise darme cuenta, me habían devastado la casa y arrasaron con todo.
— He de desechar, lógicamente, una propuesta hecha por una comisión que se ha deshecho por discusiones internas.
— El alumno explicó que aquello no estaba en el contexto de la obra literaria, pero contestó a todo lo demás.
— Combiné estas telas de colores, porque me convino aprovecharlas para completar el aspecto multicolor del toldo.
— Hay que cavar la tierra de forma cabal, para que luego crezcan fuertes las plantas.
— En la carabela viajaba un misionero, que llevaba el cráneo de una calavera para recordar la muerte.
— El itinerario del viaje se ha hecho con cohesión, para que las conexiones de los vuelos puedan tomarse con prontitud.
— Hemos rehusado esa maquinaria, porque ya está desusada en la industria moderna del ramo.
— Cuando se bote el barco en los astilleros, le añadirán un bote salvavidas.
— Ha botado a la basura las papeletas del voto.

OTROS EJERCICIOS

• 54.2. Redacte frases en las que integre, de forma correcta, cada uno de los siguientes vocablos.

cabida	*carabela*	*derivar*	*cabe*	*conexión*
contexto	*botar*	*bote*	*desusado*	*disección*
cabal	*rehusado*	*cavidad*	*cayó*	*devastar*
vote	*calló*	*votar*	*desecho*	*discreción*
cohesión	*deshecho*	*contesto*	*cavar*	*derribar*

TEMA 55

Homónimos. Número 5.

HOMÓNIMOS

¡Eh!, interjección	*he,* de haber
echo -a, de echar	*hecho -a,* de hacer
embate, acometida impetuosa	*envite,* apuesta, empujón
embestir, arremeter	*investir,* vestir, colocar
errada, de errar	*herrada,* de herrar
errar, cometer un error	*herrar,* poner herradura
error, equivocación	*horror,* atrocidad
espectro, fantasma	*experto,* hábil
espiar, acechar	*expiar,* pagar culpas
espolear, avivar	*expoliar,* despojar
estaño, metal	*extraño,* raro, singular
estío, verano	*hastío,* tedio
exaltar, elevar	*exhalar,* despedir vapores
extracto, resumen	*estricto,* ajustado
factura, recibo	*fractura,* rotura

COMPLETAR FRASES

• 55.1. Anote las siguientes frases y sustituya las líneas de puntos, en cada párrafo, por la palabra que considere más adecuada de entre las que aparecen en este tema.

— Contratamos a un especialista que era... en contactores.
— Esa barca es muy frágil para poder resistir el... de las olas.
— Por el pitón derecho puede... de forma extraña.
— Tenemos a la yegua..., para que la montes cuando quieras.
— Ha ido tantas veces al mar, que le produce... volver a la playa.
— Hizo un discurso en el que supo... la justicia y la paz.
— No sabemos si la... es en la tibia o en el peroné.
— Julio y agosto son los meses de... en el hemisferio norte.
— Contemplamos con... las terribles escenas de pánico y terror.
— Llegó a la fábrica un... personaje, haciendo todo tipo de preguntas.
— No sé cómo vamos a pagar esa... tan exorbitante.
— Con su respuesta... un jarro de agua fría sobre nuestras esperanzas.
— La organización del congreso ha sido... por unos expertos.
— Estaba tan inseguro en el poder, que mandaba... a todos sus contrincantes.
— Sería un tremendo... proponer un reglamento tan estricto.

FRASES PARA EL DICTADO

— Le herraron la pata al caballo de forma tan errada, que le era imposible galopar.
— No es nada extraño que ya los antiguos usaran el estaño en sus aleaciones.
— Se pueden hacer tantas cosas en el estío, que no hay ocasión para el aburrimiento y el hastío.
— Hizo un extracto de las ordenanzas, pero sólo se fijó en el aspecto estricto de la reglamentación.
— Por espiar a sus compañeros, abusó de la situación y luego debió expiar las infracciones.
— Le dio un gran susto la factura que le pasaron por haberle curado la fractura del pie.
— Es un error entrar en guerra, porque, al final, son terribles los horrores que se producen.
— Estaba errado cuando pensaba haber visto un espectro en la oscuridad de la noche.
— No es extraño que, al exhalar este perfume, recuerdes el aroma de las flores de tu jardín.
— Es una actitud errada querer exaltar los comportamientos discriminatorios y elitistas.
— Las invasiones sirvieron para expoliar de sus bienes a los nativos y para esclavizarles.
— Ha hecho mal en echar a los expertos que siempre estaban sacándole de sus errores.

OTROS EJERCICIOS

• 55.2. Construya frases con las siguientes palabras, que son derivadas de algunas de las que se han presentado en este tema:

invistieron	*espiara*	*exalación*	*expolio*	*erraremos*
horrorizado	*errores*	*echaba*	*hastiado*	*envites*
exaltaremos	*hemos*	*estricta*	*hecha*	*extrañamente*
herradas	*facturación*	*fracturó*	*embistió*	*expertísima*
estractado	*espoleado*	*espiando*	*estival*	*herradura*

TEMA 56

Actividades de evaluación parcial. Número 8

• 56.1. Redacte frases en las que utilice, correctamente, los siguientes vocablos homónimos, estudiados en los temas anteriores.

abalanzar	*abeja*	*ablando*
absolver	*abría*	*actitud*
afición	*agravado*	*alado*
alhaja	*aparte*	*aprender*
aré	*área*	*horca*

• 56.2. Copie las siguientes frases en las que hay algún vocablo homónimo.

— Podemos avanzar por este claro de la selva.
— Trasquilaron las ovejas y vendieron la lana a buen precio.
— Ha estado hablando de ti durante toda la tarde.
— La riada se ha producido porque la tierra no ha podido absorber toda la lluvia caída.
— Habría sido preferible quedarse en casa hoy.
— No creo que tenga aptitud para mandar a tanta gente.
— Está en cama con una afección gripal muy fuerte.
— Estará muy agraviado por la ofensa recibida.
— Me han hablado de la camisa y se ha roto por el hombro.
— Cuando viene a la ciudad, se aloja en este hotel.

• 56.3. Construya frases con las siguientes palabras, que son derivadas de algunos homónimos presentados anteriormente.

artesano	*desarrolló*	*ases*
asadora	*astado*	*aviaban*
avidísimo	*azaroso*	*balacera*
bandada	*bandidaje*	*harté*
vacilante	*velón*	*vendaje*

• 56.4. Copie las siguientes frases en las que hay algún vocablo homónimo.

— Se estaba bañando en un arroyo de aguas cristalinas.
— Ahí tenemos escondido un alijo de contrabando.
— Eran tan fuertes los ayes, que hacían romper el corazón.
— Descubrieron un bacilo que era desconocido hasta entonces.
— La oveja escuchaba impotente los balidos del cordero porque lo separaban de ella.
— Has podido decirlo antes y habríamos puesto remedio.
— Hasta el niño comprendía que aquello era un atropello.
— Había habido un accidente en la bocacalle contigua.
— Allí hay una función de teatro extraordinaria.

• 56.5. Construya una frase en la que integre cada una de las siguientes parejas de vocablos homónimos.

barón-varón	*barra-vara*
basar-bazar	*base-vase*
baso-vaso	*basto-vasto*
bate-vate	*bella-villa*
bello-vello	*besar-visar*

• 56.6. Copie las siguientes frases y observe la ortografía de los vocablos homónimos.

— Se abalanzó, como una bestia enfurecida, sobre su contrincante.
— Cuando tenía más dinero, se vestía en esa boutique.
— Le ha expropiado todos los bienes inmobiliarios improductivos.
— A ver si vienes un día a comer a casa.
— Es una señorita un tanto mojigata y bobina.
— En Uruguay hay una importante cabaña de ganado bovino.
— Tengo unas botas muy buenas para hacer alpinismo.
— Vota en las elecciones y cumple con un deber ciudadano.
— Tenía una bota de vino típica que había comprado en España.
— Vete a comprarme una bobina de hilo rojo como ésta.

• 56.7. Redacte frases con las siguientes palabras derivadas de determinados vocablos homónimos.

botábamos	*votaremos*	*cavaban*
cabemos	*cávelo*	*callóse*
cayóse	*cohesionar*	*conexionar*
combinábamos	*convinimos*	*contextual*
contestóme	*derribábamos*	*derivábamos*

• 56.8. Copie las siguientes frases en las que aparecen vocablos homónimos.

— Ayer botaron un nuevo barco en los astilleros.
— Después del naufragio me metí en un bote salvavidas hasta que nos recogieron.
— Lleva un bote de cristal para que echen dentro el yodo.
— Es un hombre cabal y honrado de cuerpo entero.
— Es un procedimiento desusado en la práctica diplomática.
— Ha rehusado el nombramiento de Embajador ante la Santa Sede.
— Llevaremos las negociaciones con mesura y discreción.
— Hicieron la disección del tumor para practicar una biopsia y discernir sobre su malignidad.

• 56.9. Construya una frase con cada una de las siguientes parejas de vocablos homónimos.

¡Eh!-he	*hecho-echo*
hecha-echa	*embate-envite*
embestir-investir	*embestido-investido*
errada-herrada	*errar-herrar*
error-horror	*errado-herrado*

FRASES PARA EL DICTADO

Ejercicio 1

— No convenció la exposición a parte de los compromisarios.
— Me es imposible hoy, pero lo haré mañana.
— No es posible que halles a nadie a estas horas de la madrugada.
— Había vendido todo el género importado de Europa.
— Me debo basar en las condiciones económicas que plantea el dueño del bazar.
— Bate las claras de los huevos hasta que estén a punto de nieve.
— Antes de usar galeones, los conquistadores y exploradores usaron carabelas.
— Algunos pueblos primitivos colgaban del árbol sagrado las calaveras de sus víctimas.
— Decían que en aquella mansión vivía todavía el espectro de su último dueño y se aparecía de noche como un fantasma.
— Escuchamos la opinión del experto en cuestiones balísticas.

Ejercicio 2

— No pudieron aprehender al malhechor, y éste consiguió escapar.
— Enviaron a muchos agentes para amedrentar a los manifestantes.
— También el azahar del limonero es muy oloroso.
— Este tíquet no es válido para el espectáculo de hoy.
— Era un vasto territorio, pero su propietario era un hombre muy basto y maleducado.
— Me han enviado de veterinario a una bella villa del interior.
— Se ha deshecho la conspiración tramada desde los mandos intermedios.
— Querían vendernos material de desecho a precio de primera calidad.
— Hemos comprado una partida de estaño que laminaremos enseguida.
— Resultaría extraño si no participases en las celebraciones.

TEMA 57

Prácticas de evaluación global.

REPASO SOBRE LAS PRECEDENTES ACTIVIDADES DE EVALUACIÓN PARCIAL

• 57.1. Copie las siguientes palabras y aplíqueles la tilde, si la necesitan.

lagrimas	*tacitamente*	*cronometro*	*liberrimo*	*trivial*
melancolico	*adios*	*magnanimo*	*alegria*	*proyectil*
inequivoco	*platonico*	*intrepido*	*beldad*	*acerrimo*
antiquisimo	*miserrimo*	*amabilidad*	*categorico*	*laudable*

• 57.2. Coloque el acento a los siguientes vocablos que lo necesiten.

Falcon	*Popayan*	*Maiquetia*	*Manizales*	*Tarapaca*
Cucuta	*Aconcagua*	*Antartida*	*Chiloe*	*Atlantico*
Chañaral	*Haiti*	*Guayaquil*	*Cantabrico*	*Cautin*
America	*Bogota*	*Zulia*	*Guayas*	*Bahoruco*

• 57.3. Anote las siguientes frases y tenga cuidado al poner la tilde en monosílabos y otras partículas que desempeñan funciones gramaticales diversas.

— ¿Quien le contó los pies al ciempies?
— El concierto este lleva un solo de violin que solo yo se tocar.
— ¿Donde metiste el destornillador nuevo?
— Esperemos que el Superintendente de el presupuesto necesario.
— Estos autobuses son mas modernos que aquellos.
— El si es la última nota de la escala musical.
— ¡Que interés tienes en ver esa pelicula tan terrorífica!
— Conteste que es lo que mas le interesa de esta exposicion.

• 57.4. Redacte frases con las siguientes palabras que contienen algún prefijo latino.

deshonroso	*desgobernar*	*improbable*	*imponer*
inadvertir	*expatriarse*	*desfallecer*	*expiar*

• 57.5. Copie las siguientes frases y observe, cuidadosamente, la utilización de la **b** y de la **v**, según convenga en cada palabra.

— La piel del besugo es de color bermejo.
— Si apruebas el bachillerato, te compraré una bicicleta.
— Esta valla de madera nos va a servir para acotar parte del valle.
— Pide en la botica una botellita de jarabe para la tos.
— La feroz bestia lanzó un berrido mientras se debatía en agónicas convulsiones.

— Aprovechemos este vado para hacer pasar a las vacas por él.
— La biología es la ciencia que estudia la vida de los seres vivos.

• 57.6. Construya frases cortas con las siguientes palabras que se escriben con **b** o con **v**.

vale	*boda*	*bizarro*	*vasto*	*biznieto*	*bocina*
vehículo	*bisturí*	*vaso*	*bizcocho*	*valentía*	*varilla*
boceto	*vaciar*	*bocadillo*	*vacilar*	*boato*	*boca*
valle	*bocanada*	*vano*	*bebería*	*bodega*	*vencer*

• 57.7. Anote estas frases y observe el uso de la **b** y la **v**.

— El agua salía hirviendo a borbotones del manantial.
— Estaba en la Argentina buscando un empleo de empapelador.
— El aire de la sierra vivifica plantas y animales con su oxígeno.
— El principal candidato pide el voto en las elecciones y está que bota, porque perderá las votaciones.
— El rey concedió el título de barón al ilustre varón y valiente militar.
— El perro y el gato son animales vivíparos y carnívoros.
— Has comprado una vajilla de una loza muy basta y un tanto vulgar.
— El agua ha hervido suficientemente; por tanto, viértela en la bañera.
— Al volver por un oscuro paraje, me asaltaron revólver en mano.

• 57.8. Construya frases con las palabras siguientes y observe la utilización de la **h** en las situaciones que lo necesiten.

ahijado	*horizonte*	*hoz*	*ocre*	*hostigar*	*airado*
hortaliza	*húngaro*	*obvio*	*hucha*	*ahogar*	*huir*
hulla	*incólume*	*hundir*	*ahora*	*hospicio*	*hostería*
hostigar	*hortelano*	*ahogar*	*hule*	*exonerado*	*hormiga*

• 57.9. Copie las siguientes frases y cuide especialmente la correcta utilización de la **h**.

— Los higos son un fruto sabroso que proporciona la higuera.
— Iremos a la huerta y cogeremos hortalizas frescas.
— Están rescatando bajeles hundidos.
— Al sonar el himno izaron la bandera.
— Buscamos con vehemencia nuevos productos energéticos.
— Trajo un vehículo muy antiguo y oxidado.
— Surgieron las hostilidades por prohibiciones fronterizas.

• 57.10. Redacte frases cortas con las siguientes palabras que se escriben con **g** o con **j**.

tijera	*sujetar*	*urgencia*	*bujía*	*congelar*	*colegial*
tejido	*gitano*	*jeringa*	*presagio*	*fijeza*	*flojedad*
plagio	*forajido*	*gragea*	*tarjeta*	*hegemonía*	*vegetal*

• 57.11. Copie las siguientes frases y cuide, especialmente, las palabras que se escriben con **g** o con **j**.

— Ya trajo la rejilla que pondremos en la bodega.
— La esfinge es un gigantesco monumento egipcio.
— Es ilegible el escrito, porque lo hiciste con ligereza.
— Agita el preparado de jarabe con una varilla de vidrio.
— Canjearemos las bujías por otras nuevas.
— Nos contagió sus lastimeros gemidos.

• 57.12. Construya frases con las siguientes palabras que se escriben con **c**, con **s**, con **z** o con **x**.

sector	*suceso*	*tractor*	*cebolla*	*cazador*	*tórax*
calabozo	*expeler*	*sucio*	*trenza*	*cebo*	*sucesor*
calzada	*venganza*	*texto*	*usufructo*	*tóxico*	*expedir*
zurcir	*célibe*	*tristeza*	*expediente*	*sucesivo*	*sucinto*

• 57.13. Copie las siguientes frases y cuide la ortografía de la **s** y la **x**.

— Hombres arriesgados y valientes han hecho exploraciones polares.
— Ha sido muy orgulloso al verter esa expresión tan estricta.
— La explosión de la bomba atómica provocó horrorosos estragos.
— Se produjo una fuerte explosión en la estratosfera.
— El estratega se puso a explicar la estrategia a seguir en la campaña.
— Se produjo un gran resplandor en la explanada, y pudimos comprobar el esplendor de las mieses madurando.
— Subiré al estrado y explicaré un extracto de mis teorías sobre el estrabismo y el astigmatismo.

• 57.14. Redacte frases con las siguientes palabras que se escriben con **ll** o con **y**.

yermo	*ensayar*	*malla*	*rayar*	*bachiller*	*yerno*
aullido	*centella*	*enyesar*	*valle*	*epopeya*	*medalla*
valla	*yema*	*cogollo*	*tramoya*	*mellizo*	*ballena*
mayor	*llanto*	*yerro*	*brillante*	*proyecto*	*escayola*

FRASES PARA EL DICTADO

Ejercicio 1

— Le produjo un gran hastío soportar diariamente su visita.
— La aurora boreal es un fenómeno celeste observable.
— Para el tamaño que tiene la hormiga, tiene una fuerza extraordinaria.
— Quedó decepcionado por el segundo premio, ya que los máximos honores se los llevó el vencedor.
— Hizo un exaltado elogio de los próceres y padres de la patria.
— El insigne catedrático pronunció un magnífico discurso de apertura del curso escolar.
— El Pacto Ibérico era un convenio hispano-portugués de cooperación, que realmente fue papel mojado y no se plasmó en realidades concretas.
— Pregunta cuándo llegaremos al aeropuerto de Maiquetía.
— La extracción de la muela se realizó en extrañas circunstancias.
— Este portamonedas no es todo lo práctico que sería deseable.

Ejercicio 2

— El calor es mayor en el estío, y la gente acude a los balnearios.
— El portaaviones también estará en las próximas maniobras militares de la OTAN.
— Es muy extraño lo que ha sucedido en la calle, cuando llovía.
— Hay que hacer el baile en el jardín de la mansión del Embajador.
— Para algunos es más importante la razón de la fuerza que la fuerza de la razón.
— La certera bala abrió un boquete en la borda del buque.
— Félix Lope de Vega y Carpio, aparte de algún poema épico-burlesco, es famoso por sus innumerables comedias.
— Empleó una estrategia tan extraña, que obtuvo una victoria extraordinaria.
— Sotto il Monte es una pequeña población de Italia en donde nació el Papa Juan XXIII.
— Exhaló el último suspiro cuando llegábamos a visitarla.

TEMA 58

Homónimos. Número 6.

HOMÓNIMOS

gira, acción de girar	*gira,* excursión
grabar, esculpir	*gravar,* causar gravamen
haber, verbo	*a ver,* preposición y verbo
habito, de habitar	*hábito,* vestido, costumbre
hallar, encontrar	*aullar,* dar aullidos
haría, de hacer	*aria,* canto
hice, de hacer	*ice,* de izar
hierba, yerba	*hierva,* de hervir
hierro, metal	*yerro,* equivocación
hinca, de hincar	*inca,* peruano
hoja, papel, pétalo	*ojo,* órgano de la vista
hoy, día presente	*oí,* de oír
hoya, hondonada	*olla,* recipiente
hurtar, robar	*untar,* embadurnar
huya, acción de huir	*hulla,* carbón

COMPLETAR FRASES

• 58.1. Copie estas frases y sustituya los puntos por una palabra adecuada al sentido del texto.

— Cualquier ópera tiene algún... brillante y espectacular.
— Es conveniente... con más impuestos las importaciones.
— Si va a izar la bandera, es conveniente que la... despacio.
— Estando en Bogotá hicimos una...al salto del Tequendama.
— Cuando vuelvas, iremos... tu nueva tienda.
— Este disco... a unas revoluciones inadecuadas.
— El imperio... fue el más grande de la América precolombina.
— Al terminar la escultura, el autor ha... su nombre en ella.
— Ya sabía que la... es un carbón mineral.
— La torre está hecha con vigas de... para que resista más.
— Ahora resido aquí, pero normalmente... en Arequipa.
— Dicen que al... del amo engorda el caballo.
— Con la lana que sobró me... una bufanda haciendo juego.
— Con esta lluvia crecerá la... que sirve de pasto al ganado.
— Aplicaré las previsiones, pero si..., rectificaré enseguida.

FRASES PARA EL DICTADO

— Nuestra conversación giró en torno al arte renacentista que vimos durante la gira por Italia.
— Los frailes que habitan en ese monasterio llevan un hábito basto y blanco.
— Tienes buen ojo para poder distinguir el tono diferente en el color de esas hojas de papel.
— Mientras hierve la comida para la cena, iré a la cuadra para echarle hierba a los caballos.
— Oí en una conversación que hoy llegarán del viaje los jugadores del equipo nacional de fútbol.
— Podríamos hacer la fogata en esa hoya, y si es preciso colocaríamos encima la olla de la comida.
— Venimos a ver la casa porque tiene que haber algo extraño.
— Haría cualquier cosa por conseguir escuchar el aria que va a cantar el tenor.
— Podemos grabar un disco nuevo, porque esta vez no lo van a gravar con nuevos impuestos.
— Dijo que se había untado de betún oscuro, porque así no le reconocerían si le veían hurtando la yerba.
— Si le ven con la cesta de carbón de hulla, debe abandonarla y es preciso que huya lo más rápidamente posible.

OTROS EJERCICIOS

• 58.2. Redacte frases en las que aplique correctamente los siguientes vocablos

inca	*aria*	*hoya*	*hoy*	*ojo*	*gira*
yerba	*hulla*	*hierro*	*hábito*	*olla*	*a ver*

• 58.3. Escriba otras frases con las siguientes palabras que están relacionadas con las presentadas en el tema.

oiréis	*hojalata*	*giramos*	*hallaremos*	*hurtes*
yerras	*aullaron*	*untábamos*	*gravaremos*	*haríais*
huyeron	*icemos*	*habitación*	*hincó*	*hierve*

TEMA 59

Homónimos. Número 7.

HOMÓNIMOS

intercesión, de interceder	*intersección,* interrupción, confluencia
izo, de izar	*hizo,* de hacer
ley, norma, legislación	*leí,* de leer
llama, fuego, animal, verbo	*yema,* tallo, dulce, parte del huevo
malla, tejido, trama	*maya,* cultura centroamericana
o, conjunción	*¡oh!,* interjección
óvulo, germen femenino	*óvalo,* oval
ojear, mirar	*hojear,* pasar hojas
ola, de agua	*hola,* saludo
oquedad, vacío	*hosquedad,* de hosco
ora, de orar	*hora,* tiempo
ornar, adornar	*hornear,* poner al horno
protesto, de protestar	*pretexto,* excusa

COMPLETAR FRASES

• 59.1. Anote las siguientes frases y sustituya la línea de puntos por la palabra más adecuada de las que el tema le presenta.

— El parlamento ha aprobado una... sobre jubilaciones.
— Construyeron una tupida e intrincada... de intereses.
— Esa noticia la... un día en el periódico.
— Ahí viene una enorme... que tumbará mi barquita.
— La noticia produjo una... preocupación en los trabajadores.
— Mandaron al guarda a... la caza que harían al amanecer.
— Ya estará asada la pierna de cerdo que pusisteis a...
— Buscará cualquier... para no venir a la reunión.
— Cuando no aceptan mis propuestas, siempre... enérgicamente.
— Si no lo sabes con certeza, me parece un... prematuro.
— Causaremos un grave... a los obreros si no subimos los salarios.
— Ahora... al timbre, porque no tiene llaves.
— Se produjo un violento choque en la... de dos carreteras.
— Pidieron la... del director para solucionar el conflicto.
— Siempre izo la bandera a la... establecida.

FRASES PARA EL DICTADO

— Protestó enérgicamente por los perjuicios que los niños le habían causado en el jardín.
— Fue honda la emoción que sentí, al postrarme a orar junto a su tumba.
— Hizo un discurso que duró una hora, pero fue tan formidable que nos pareció corto.
— Las llamas dan lana muy útil para confeccionar tejidos que ornan y lucen con estilo las mujeres.
— Quería ojear los dibujos, pero el niño hojeaba demasiado rápido el libro.
— Los mayas hacían unos tejidos de malla con vistosos colores, pero, como no las conocían, no podían usar lana de las llamas y las vicuñas.
— Leí que habían aprobado una ley sobre la fecundación del óvulo por inseminación artificial.
— El continuo envite de una y otra ola ha producido una oquedad en las rocas costeras.
— Causó una honda impresión que hicieras esa intercesión pidiendo el perdón para el ladrón.
— La Inquisición buscaba algún pretexto para echar a las llamas a las personas con ideas que encontraba sospechosas.

OTROS EJERCICIOS

• 59.2. Construya frases con las siguientes palabras que son derivadas de algunas de las que se han presentado en este tema.

hosco	*ovalado*	*mallas*	*pretexto*
ovulación	*protestamos*	*ojeo*	*intersección*
horario	*interceder*	*leísteis*	*ondulación*
maya	*llamarada*	*leyeron*	*ornamentación*
hicieron	*hojeando*	*oquedad*	*prejuzgaron*
horneaba	*hondura*	*oración*	*perjudicará*

TEMA 60

Homónimos. Número 8.

HOMÓNIMOS

rallar, desmenuzar	*rayar,* hacer rayas
ratificar, confirmar	*rectificar,* modificar
reacio, remolón	*rehacer,* volver a hacer
rebelarse, sublevarse	*revelar,* comunicar
respeto, consideración	*respecto,* relativo a
revólver, arma	*revolver,* mover
rey, monarca	*reí,* de reír
sabía, que sabe	*savia,* jugo de las plantas
sexo, diferencia orgánica	*seso,* cerebro, juicio
silba, de silbar	*silva,* composición poética
tubo, pieza hueca	*tuvo,* de tener
usar, utilizar	*huso,* instrumento para hilar
uva, fruta de la vid	*hubo,* de haber
vaya, de ir, interjección	*valla,* cercado
voto, promesa, de votar	*veto,* prohibición

COMPLETAR FRASES

• 60.1. Escriba las siguientes frases y sustituya los puntos con una palabra adecuada al sentido del texto.

— Si podamos ahora la planta, perderá demasiada...
— Esta vez trataremos con... las opiniones del médico.
— No sabía cómo... la nueva máquina.
— En esta vendimia ha llegado una... de mucha graduación.
— Hilaba la lana con un... muy antiguo.
— Ha puesto una... alrededor de todo el jardín de la quinta.
— El pastor... a las ovejas para que vengan al redil.
— Si se mantiene en la declaración ha de... lo que dijo.
— En los viajes siempre... una máquina eléctrica de afeitar.
— Debemos... el proyecto; si no cambiamos, puede fracasar.
— Visitaré el Museo del Prado cuando... a Madrid.
— Recibimos el... por correo de todos los afiliados.
— El poeta hizo una larga... sobre el trópico.
— No pondrán ningún... a esta propuesta.
— Mostró el... con el que realizaron el asesinato.
— El... nombró a su hijo príncipe heredero del reino.
— En su declaración debe... los pormenores del caso.

FRASES PARA EL DICTADO

— Tuvo que llevar a la obra todos los tubos que había en el almacén.
— No quisieron revolver aquel asunto del revólver, para no complicar al hijo del Gobernador.
— Me revelaron algún tiempo después que los campesinos intentaron sublevarse.
— Rectificó la fecha de la boda, pero ratificó los rumores existentes sobre las escalas del viaje.
— La guardia de húsares debía usar unos uniformes muy vistosos y llamativos.
— Reí con satisfacción cuando nos avisaron que el Rey visitaría nuestro país en esta ocasión.
— Me siento reacio a rehacer todo el trabajo que hicimos con tanto esmero y dedicación.
— Vaya usted a recoger el ganado que rompió la valla y se ha diseminado por la sabana.
— Este año hubo tanta uva, que tendremos una gran cosecha de vino.
— En la actualidad casi no está en uso el antiguo huso de hilar la lana.
— No tendrá mucho seso, si piensa que el sexo influye en el rendimiento profesional.

OTROS EJERCICIOS

• 60.2. Redacte frases en las que utilice, de forma correcta, los siguientes vocablos, presentados en el tema.

huso	*savia*	*revólver*	*sexo*	*rey*
silva	*reacio*	*voto*	*rallar*	*tubo*
seso	*uva*	*respecto*	*húsar*	*respeto*

• 60.3. Escriba otras frases con las siguientes palabras que están relacionadas con las seleccionadas en el tema.

reísteis	*rayarían*	*hubieran*	*rayo*
rebelaron	*vetaron*	*rectificas*	*tuvisteis*
usaríamos	*ratificáis*	*revelas*	*sabíamos*
revelas	*rehicieron*	*vayamos*	*revolverán*

TEMA 61

Las conjugaciones verbales. El verbo ir. El verbo volver.

LAS CONJUGACIONES VERBALES

EL VERBO IR

MODO INDICATIVO

Presente	voy, vas, va, vamos, vais, van
Pret. Perf.	he ido, has ido,... han ido
Pret. Imp.	iba, ibas, iba, íbamos, ibais, iban
Pret. Plus.	había ido,... habíamos ido,... habían ido
Pret. Indef.	fui, fuiste, fue, fuimos, fuisteis, fueron
Pret. Anter.	hube ido,... hubisteis ido, hubieron ido
Fut. Perf.	habré ido,... habrá ido,... habrán ido
Condic. Simp.	iría, irías, iría, iríamos, iríais, irían
Condic. Comp.	habría ido, habrías ido,... habrían ido

MODO SUBJUNTIVO

Presente	vaya, vayas, vaya, vayamos, vayáis, vayan
Pret. Perf.	haya ido,... hayáis ido, hayan ido
P. Imp. 1ª f.	fuera, fueras, fuera, fuéramos, fuerais, fueran
P. Imp. 2ª f.	fuese, fueses, fuese, fuésemos, fueseis, fuesen
P. Plus. 1ª f.	hubiera ido,... hubiéramos ido,... hubieran ido
P. Plus. 2ª f.	hubiese ido,... hubiésemos ido,... hubiesen ido
Fut. Imp.	fuere, fueres, fuere, fuéremos, fuereis, fueren
Fut. Perf.	hubiere ido,... hubiéremos ido,... hubieren ido

MODO IMPERATIVO

Presente	vé tú, id vosotros

FORMAS NO PERSONALES

Infinitivo Simple	ir
Infinitivo Compuesto	haber ido
Gerundio Simple	yendo
Gerundio Compuesto	habiendo ido
Participio Simple	ido

EL VERBO VOLVER

MODO INDICATIVO

Presente	vuelvo, vuelves, vuelve, volvemos, volvéis, vuelves
Pret. Perf.	he vuelto, has vuelto,... han vuelto
Pret. Imp.	volvía, volvías, volvía, volvíamos, volvíais, volvían
Pret. Plus.	había vuelto,... habíamos vuelto,... habían vuelto
Pret. Indef.	volví, volviste, volvió, volvimos, volvisteis, volvieron
Pret. Anter.	hube vuelto,... hubisteis vuelto, hubieron vuelto
Fut. Imp.	volveré, volverás, volverá, volveremos, volveréis, volverán
Fut. Perf.	habré vuelto,... habrá vuelto,... habrán vuelto
Condic. Simp.	volvería, volverías, volvería, volveríamos, volveríais, volverían
Condic. Comp.	habría vuelto, habrías vuelto,... habrían vuelto

MODO SUBJUNTIVO

Presente	vuelva, vuelvas, vuelva, volvamos, volváis, vuelvan
Pret. Perf.	haya vuelto,... hayamos vuelto,... hayan vuelto
P. Imp. 1ª f.	volviera, volvieras, volviera, volviéramos, volvierais, volvieran
P. Imp. 2ª f.	volviese, volvieses, volviese, volviésemos, volvieseis, volviesen
P. Plus. 1ª f.	hubiera vuelto,... hubierais vuelto,... hubieran vuelto
P. Plus. 2ª f.	hubiese vuelto,... hubieseis vuelto,... hubiesen vuelto
Fut. Imp.	volviere, volvieres, volviere, volviéremos, volviereis, volvieren
Fut. Perf.	hubiere vuelto,... hubiereis vuelto,... hubieren vuelto

MODO IMPERATIVO

Presente	vuelve tú, volved vosotros

FORMAS NO PERSONALES

Infinitivo Simple	volver
Infinitivo Compuesto	haber vuelto
Gerundio Simple	volviendo
Gerundio Compuesto	habiendo vuelto
Participio Simple	vuelto

EJERCICIOS PERSONALES

- 61.1. Escriba el presente de indicativo del verbo **ir**.
- 61.2. Escriba el pretérito indefinido de indicativo del verbo **ir.**
- 61.3. Escriba el pretérito anterior de indicativo del verbo **ir**.
- 61.4. Escriba la primera forma del pretérito imperfecto de subjuntivo del verbo **ir**.
- 61.5. Escriba el futuro imperfecto de subjuntivo del verbo **ir**.
- 61.6. Escriba el presente de subjuntivo del verbo **volver**.

- 61.7. Escriba la segunda forma del pretérito pluscuamperfecto de subjuntivo del verbo **volver**.

- 61.8. Escriba el condicional simple del verbo **volver**.

- 61.9. Escriba el futuro imperfecto de indicativo del verbo **volver**.

- 61.10. Escriba el imperativo del verbo **ir** y del verbo **volver**, teniendo en cuenta sólo las dos formas de la segunda persona, según las últimas normas de la Real Academia de la Lengua.

- 61.11. Escriba el gerundio y el participio de los verbos **ir** y **volver**.

- 61.12. Redacte una frase con cada una de las formas del verbo **ir** que a continuación le presentamos.

íbamos	*iríais*	*vayáis*
irás	*voy*	*fue*
vaya	*fuéramos*	*vamos*
fui	*ibas*	*irán*

hube ido	*habrían ido*
yendo	*hubieseis ido*
hayan ido	*hubiéramos ido*
habríais ido	*hubiéremos ido*

- 61.13. Anote, así mismo, una frase de su propia invención, en la que incluya cada una de las siguientes formas del verbo **volver**:

volví	*volviese*	*volvieres*
volverás	*vuelvo*	*volvíais*
vuelve	*volveríamos*	*volváis*
volvía	*vuelvas*	*volvemos*

hayan vuelto	*hubieron vuelto*
has vuelto	*hubiéramos vuelto*
habréis vuelto	*habrían vuelto*
hube vuelto	*hubiéramos vuelto*

DICTADO DE FRASES

Ejercicio 1

— Quería que fuésemos a conocer esa enigmática mansión que provocaba tenebrosas y adversas reacciones.
— Sería bueno que fuéramos al teatro, para apreciar la desenfadada y atrevida interpretación de los actores.
— Nos encontramos en una equívoca situación cuando íbamos caminando pausadamente y, de improviso, nos encontramos con sus padres.
— Vaya usted preparando los papeles para volver a revisarlos.
— Volvíamos de una intrépida y osada expedición que nos trajo desastrosas y desfavorables consecuencias económicas.

— Voy a jugar con la arena en esta clara y nítida mañana.
— Volví a pasar la tarde contigo, pero no esperaba un tiempo tan tormentoso y huracanado.
— Encontramos una exitosa representación, cuando íbamos convencidos de ver un espectáculo decepcionante.
— Me crucé con una gozosa y desenvuelta anciana cuando volvía por el jardín de la alameda.
— Volvió todo empapado, habiéndose ido un rato antes con una luminosa y diáfana tarde.

Ejercicio 2

— Démosle unas galletas para que se vuelva contento y alborozado.
— Observa la exposición y vuélvete enseguida para contarme los pormenores.
— Si volvemos pronto, podríamos ir a conocer un sombrío castillo al que se llega por un laberíntico sendero.
— Volvámonos rápidamente, porque aquí tenemos adversarios declarados.
— Fue a un rico país árabe y volvió con un empréstito colosal, que mantendrá a la nación en ruinosas y angustiosas finanzas.
— Volveremos de nuevo cuando deje de llover y se disipe esta atronadora tormenta.
— Dijiste que iríamos a una operación facilísima, y hemos vuelto en un período álgido de intrincadas corruptelas.
— Vayámonos tranquilos después de estas esperanzadoras noticias.
— Dijo que volvería, si se presentaba un ambiente embrollado y tempestuoso, para ayudarnos a calmarlo.

TEMA 62

Actividades de evaluación parcial. Número 9.

• 62.1. Construya una frase con cada una de las siguientes parejas de palabras homónimas.

gira-jira	*grabar-gravar*
haber-a ver	*habito-hábito*
hallar-aullar	*haría-aria*
hice-ice	*hierba-hierva*

• 62.2. Anote las siguientes frases y observe la ortografía de los diferentes vocablos homónimos.

— Trabajé un tiempo recogiendo hojas de té en una plantación coreana.
— Seguía la máxima primitiva de ojo por ojo y diente por diente.
— Iremos hoy a oír un concierto de la Orquesta Nacional.
— Oí una canción que tenía una melodía muy pegadiza.
— Los remolinos de agua habían producido una hoya muy profunda.
— Parece que la olla para cocer alimentos es uno de los utensilios más antiguos de la humanidad.
— Lo expulsaron de la fábrica por hurtar algunos objetos.
— Vimos a los nativos cómo untaban con brea el casco de sus embarcaciones.
— El temblor de tierra no ha sido tan intenso como para que huya despavorido.
— Entre los carbones minerales están el lignito, la hulla, y la turba.

• 62.3. Redacte frases con las siguientes palabras que, al ser homónimas de otras, pueden presentar dudas en su ortografía.

intercesión	*izo*	*ley*
llama	*malla*	*óvulo*
ojear	*ola*	*onda*
oquedad	*protesto*	*ornar*
prejuicio	*ora*	*pretexto*

• 62.4. Escriba las siguientes frases y observe la correcta utilización de los vocablos homónimos.

— Se ha producido un cortocircuito en la intersección de dos cables.
— Hizo un discurso fabuloso y fue felicitado efusivamente.
— La semana pasada leí el último libro que publicaste.
— Ya despuntan las yemas de los tallos del árbol recién plantado.
— Visitaremos las pirámides mayas de la península de Yucatán.
— ¡Oh!, qué enorme es esta construcción precolombina.
— Hizo la portada de la iglesia en forma de óvalo.

— Se puso a hojear el libro porque no le apetecía leerlo.
— Saludó con un ¡hola! bastante frío y tenso.
— Ese poema expresa una honda sensibilidad.

• 62.5. Redacte frases con los siguientes vocablos derivados de palabras homónimas estudiadas en temas anteriores.

rallaremos	*rayado*	*ratificarán*
rectificó	*rehacemos*	*rebeláronse*
revelarás	*respetuoso*	*revolverme*
reinado	*reíamos*	*sabiamente*
sabías	*sexual*	*sesudo*

• 62.6. Anote las siguientes frases y ponga especial cuidado en la ortografía de los homónimos.

— Es bastante reacio a viajar en avión, porque siente vértigo.
— Hablábamos respecto a las medidas tomadas ayer.
— Tenía un revólver apuntándonos y no me podía revolver.
— Pusieron un recipiente para recoger la savia que rezumaba el árbol del caucho.
— Iba silbando una conocida canción popular.
— No sólo Andrés Bello escribió silvas con temas americanistas.
— Se rompió el tubo y debió sustituir toda la tubería.
— Tuvo que llamar a un experto para hacer el tubo de cobre.
— Debía usar un gorro militar similar al de un húsar.
— Vaya a ver qué pasó con el pedido hecho ayer.

• 62.7. Redacte una frase con cada una de las siguientes formas verbales de los verbos **ir** y **volver**.

fuésemos	*iríamos*	*fuiste*
vuelvan	*volvieron*	*volviésemos*
hubieran ido	*hubierais ido*	*fuisteis*
habrías ido	*hubieseis ido*	*volváis*

FRASES PARA EL DICTADO

Ejercicio 1

— Es hora de que marchemos a la estación del ferrocarril.
— Tiene tal arte para cocinar, que me harté de comida.
— Comimos un exquisito pavo horneado relleno de cosas exóticas.
— Si no abría la boca para decir algo, habría terminado enfadándose.
— Hubo mucha uva y la pagaron a muy bajo precio.
— Vacilaron mucho, hasta confirmar que fue un bacilo el causante de la epidemia investigada.
— Quiero que vayas a mi casa para levantar una valla de ladrillo.
— Con el agua, absorbida por la tierra, se habrá ablandado el terreno y podremos extraer la raíz.
— El tren expreso corre a gran velocidad por la extensa llanura.
— Creo que este bandido ha vendido la silla de montar que le presté la semana pasada.

Ejercicio 2

— Tiene bastantes prejuicios para con los extranjeros.
— Estaba ávido por aprender el comportamiento de las abejas.
— Debemos expresar con la máxima claridad nuestras explicaciones.
— Siempre encontraba algún pretexto para irse al extranjero.
— La bala se aloja en el antebrazo del bandido.
— Han vetado la emisión del voto en los astilleros.
— Habría que abrir la herida antes de colocar una venda.
— Se mostró reacio a rehacer la relación de invitados.
— Allí hay un asta de venado que hasta ahora no se ha vendido porque ahí nadie la puede ver.

TEMA 63

Prácticas de evaluación global.

REPASO SOBRE LAS PRECEDENTES ACTIVIDADES DE EVALUACIÓN PARCIAL

• 63.1. Copie las siguientes frases y observe, cuidadosamente, el uso de la tilde.

— Cuando tengas el sí decidido, llámame, si no es mucha molestia.
— ¿Por qué razón tu hermano ha tomado una actitud tan distante?
— Te recomendaré el mejor té que encuentre en el supermercado.
— ¡Quiénes serán los agraciados con los premios!
— Cuando estaba sola, sólo acudía a su mente el recuerdo de él.
— ¿Cuál es el motivo de que te presentes tan de improviso?
— ¿Por dónde podríamos llegar más rápido al volcán?
— Quisiera enterarme sobre cuántos cubiertos habremos de poner.
— ¡Quién será capaz de afilar este cuchillo!

• 63.2. Redacte frases con las siguientes palabras que contienen algún prefijo latino.

indisoluble	*intervenir*	*inhabitable*	*explanada*
deshabitar	*inmóvil*	*expectorar*	*inconstancia*
invocar	*desenvuelto*	*inducción*	*deshelar*

• 63.3. Copie las siguientes frases y observe, atentamente, la utilización de la **b** y de la **v**.

— La vacuna antivariólica nos protegerá contra la viruela.
— Este año es bisiesto y, por tanto, febrero tendrá veintinueve días.
— El vaquero vapulea a la vaca con una vara.
— No podría decirse que el bisoño soldado fuese bizarro y aguerrido.
— El vale para viajar en este vagón ha perdido validez, porque está caducado.
— El hombre es un animal dotado de inteligencia.
— La vainilla es un vegetal aromático que se utiliza mucho en la cocina.
— La boa es una serpiente o reptil de grandes dimensiones.
— La ceremonia se celebró con gran pompa y boato.
— No vaciles en ser valiente y bravo en la defensa de la Patria.

• 63.4. Construya frases cortas con las siguientes palabras que se escriben con **b** o con **v**.

vapor	*vaticinio*	*binomio*	*bisonte*	*biología*	*vecino*
bicho	*bisagra*	*bisectriz*	*biografía*	*vado*	*variar*
valer	*vacunar*	*bidón*	*vaporoso*	*bípedo*	*billete*
birria	*valla*	*vehemencia*	*bigote*	*bisoño*	*vagón*

• 63.5. Anote estas frases y cuide, especialmente, la utilización de la **b** y la **v**.

— El labrador estaba siempre de broma durante la época de la cosecha.
— Cantaré villancicos acompañado de la grave zambomba y del ruidoso tambor.
— Los anteojos ayudan en la visión a los que tienen vista debilitada.
— Este bolso no me sirve ya para nada, y lo voy a tirar.
— Los bebés toman sus primeros alimentos en biberón.
— Cierra herméticamente la válvula de la botella de oxígeno.
— Es una bobería hacer nuevamente eso que pretendes.
— El bombero observa la evolución de las vivaces llamaradas.

• 63.6. Redacte frases con las siguientes palabras y cuide la utilización de la **h** en los casos en que sea necesaria.

huraño	*habitual*	*horripilante*	*husmear*	*zanahoria*
hinchar	*cohibido*	*ahuecar*	*exhalar*	*hurón*
almohada	*hurgar*	*holocausto*	*mohín*	*hurtar*
huracán	*prohibido*	*arduo*	*imán*	*vahído*

• 63.7. Copie las siguientes frases y cuide, especialmente, la ortografía de la **h**.

— Rechazó con ahínco las hipocresías.
— Iba el mendigo lleno de harapos.
— No veo bien para enhebrar la aguja.
— Soltaron a los rehenes después de angustiosas jornadas.
— Las hazañas de los héroes fueron el origen de la epopeya.
— Al caer la noche encendieron una hoguera.
— Con el hocico absorbía hormigas el oso hormiguero.

• 63.8. Escriba frases cortas con estas palabras que se escriben con **g** o con **j**.

rojizo	*canje*	*riqueza*	*lejía*	*púgil*	*auge*
cajita	*emergencia*	*herejía*	*evangelio*	*cajetilla*	*injertar*
energía	*hégira*	*prodigio*	*jeque*	*argentino*	*refugio*

• 63.9. Anote las siguientes frases y observe la utilización de la **g** y la **j**.

— Causó perplejidad la vejez prematura del ganadero.
— Las lluvias han llenado el aljibe.
— El experto enseñaba a colocar los injertos con fijeza.
— Los analgésicos son productos que mitigan los dolores.
— Hicimos una acotación marginal en el original.
— La energía solar será la fuerza energética del futuro.

• 63.10. Redacte frases con las siguientes palabras que se escriben con **c**, con **s**, con **z** o con **x**.

cesión	*accidente*	*cerveza*	*textil*	*destreza*	*exquisito*
acta	*zapato*	*éxtasis*	*sociable*	*taxímetro*	*sesión*
cruzada	*sintaxis*	*solera*	*choza*	*extender*	*cicatriz*
centavo	*sencillo*	*zarzuela*	*activo*	*sincero*	*delicadeza*

• 63.11. Copie las siguientes frases y cuide la ortografía de la **s** y la **x**.

— El espliego es un yerbago que se produce espontáneamente en los montes.
— Estamos excavando en esta explanada para descubrir los diferentes estratos geológicos.
— Extiende cheques con gran esplendidez, pero luego no tiene fondos en el banco.
— Era tan estrafalario con su indumentaria, que causaban expectación sus actuaciones.
— Usaba el basto papel de estraza para experimentos con tóxicos.
— El eximio escultor exhibirá en breve una exposición de su obra más reciente.

• 63.12. Redacte frases con las siguientes palabras que se escriben con **ll** o con **y**.

yegua	*leyenda*	*orgullo*	*ayuno*	*pantalla*	*mayo*
vello	*artillería*	*yacer*	*llano*	*mayúscula*	*avitualla*
artillero	*yantar*	*llaga*	*yunque*	*atropello*	*atolladero*
yunta	*hulla*	*ayudar*	*llama*	*mayordomo*	*leguleyo*

• 63.13. Copie las frases que se le presentan en el siguiente ejercicio y sustituya la línea de puntos por una de las palabras que tiene a continuación.

ley	*sabía*	*hierba*	*protesto*	*hierva*
hoy	*aullar*	*untar*	*silva*	*rayar*

— Oí un lobo que no dejaba de... en la montaña
— Iré..., porque no pude acudir ayer a su llamada.
— El ladrón se quiso... de betún, para que no le descubrieran.
— Cuando... el agua, retira el recipiente del fuego.
— Mandaré cortar la ... si necesito usar el césped.
— Leí que habían derogado la... sobre importaciones.
— ... enérgicamente por aducir ese pretexto en mi contra.
— Cuida bien el disco, pues no se debe...
— Me lo contó todo, porque él... lo que pasó.
— Recitarás la... a la Agricultura de la Zona Tórrida.

FRASES PARA EL DICTADO

Ejercicio 1

— Era tan sabia, que sabía distinguir la psicología de las personas.
— Hubo mucha consternación a la muerte del monarca.
— Mantendremos esta desventaja durante varios períodos.
— El bonzo llevaba en la cabeza un raro bonete, del que pendía una bonita borla.
— Hizo una investigación sobre el comportamiento sexual de las iguanas.
— ¡Hasta cuándo seguiremos soportando tus retrasos!
— La llama es un animal que llama mucho la atención a los europeos.
— La experiencia ha hecho de este cirujano un experto en la extirpación de extremidades.
— El trapense ora en diversas horas del día y de la noche.
— Los carnavales de Río de Janeiro son la atracción turística más famosa y concurrida de Brasil, y posiblemente de toda América.

Ejercicio 2

— Debemos usar la cabeza y razonar sesudamente.
— El boquerón dio las últimas boqueadas y quedó exánime en la playa.
— Un certero tiro de ballesta hirió al vasallo que miraba por la claraboya.
— Parece que se ha vuelto un desvergonzado, y no hay quien haga carrera de él.
— Recibió un grave perjuicio por los prejuicios de su época.
— Hacer esa interpretación de su frase sería desvirtuar el sentido global de su intervención.
— Creo que haría bien en repetir el ensayo del aria central de la ópera.
— Hizo que se dieran amistosamente un apretón de manos.
— Le regalaron un revólver de la época del charlestón.
— Fuimos a visitar Guatemala y pudimos observar los restos de la cultura maya.

TEMA 64

Prefijos griegos usuales. Número 1.

PREFIJOS GRIEGOS USUALES

a o **an**	significa *sin*	como *atípico*
acro	significa *alto*	como *acróbata*
ana	significa *contra* o *hacia atrás*	como *anacrónico*
anfi	significa *alrededor* o *ambos*	como *anfiteatro*
anti	significa *contra*	como *antiestético*
antropo	significa *hombre*	como *antropófago*
apo	significa *fuera* o *lejos*	como *apogeo*
archi	significa *mando* o *antigüedad*	como *archiduque*
arqui	significa *preeminencia*	como *arquitecto*
auto	significa *por sí mismo*	como *automoción*

VOCABULARIO

ateo, átomo, anemia, anarquía, analfabeto
acrópolis, acrobacia
anfibio, anfibología
antropoide, antropología, antropomorfo
apófisis, apóstata, apócrifo, apócope, apología
archidiócesis, archipiélago, archinauta
arquitectura, arquitectónico, arquimago
autogestión, autobiografía, autodidacta, autómata

DICCIONARIO

anemia: falta de cualidades en la sangre
anarquía: que viven sin mando ni autoridad
anacronismo: contra el tiempo presente o de épocas pasadas
anfibio: animales que pueden habitar en el agua y la tierra
antídoto: medicamento contra algún mal
apócope: suprimir letra o sílaba al final de palabra
apogeo: momento en que un planeta está más lejos de la Tierra
archinauta: el que mandaba una nave griega o romana
arquimago: el más importante de los magos persas
autómata: que tiene su propio mecanismo para generar movimiento, y persona que imita movimientos o se deja dirigir por otra.

EJERCICIOS PERSONALES

• 64.1. Explique el significado de los prefijos griegos seleccionados.

• 64.2. Busque y explique el significado de las palabras compuestas con estos prefijos.

• 64.3. Anote nuevas palabras, utilizando los prefijos griegos presentados.

• 64.4. Explique el significado de esas otras palabras que ha anotado.

• 64.5. Escriba algunas frases, utilizando diversas palabras que contengan estos prefijos. Redacte, al menos, dos ejemplos para cada prefijo.

• 64.6. Atienda especialmente a la tilde de muchas de estas palabras y a la acentuación en su expresión oral.

DICTADO DE FRASES

— Se presentó al acto de forma antiestética, con unas vestimentas anacrónicas.
— Deseo que se llene el anfiteatro de la acrópolis, en la próxima representación.
— Los alumnos de automoción estudian con las técnicas más sofisticadas.
— Esperemos que la nueva epidemia no sea atípica.
— La anarquía imperó en las calles y se oyeron extrañas apologías.
— Los niños gozan mucho con los anfibios que cazan en las charcas.
— ¿Llegará el antídoto a tiempo para curarle la anemia que padece?
— El archipiélago de las Bermudas es un paraíso para los turistas.
— Las ciudades del futuro tendrán una arquitectura funcional.
— ¿Podríamos escribir todos nuestra propia biografía?
— A veces encuentro construcciones arquitectónicas marcadamente antiestéticas.
— El índice de analfabetismo en el mundo va descendiendo paulatinamente.
— Tomó un antitérmico para la fiebre.
— Estaba tan cansado, que actuaba como un autómata.
— Algunos justifican el ateísmo desde posturas anticlericales.

TEMA 65

Prefijos griegos usuales. Número 2.

PREFIJOS GRIEGOS USUALES

biblio	significa *libro*	como *biblioteca*
bio	significa *vida*	como *biografía*
cata	significa *hacia abajo* o *final*	como *catarata*
cine-cinemato	significa *movimiento*	como *cinética*
cosmo	significa *mundo*	como *cosmógrafo*
cripto	significa *oculto*	como *criptografía*
cromo	significa *color*	como *cromosíntesis*
deca	significa *diez*	como *decálogo*
demo	significa *pueblo*	como *demografía*
dia	significa *a través*	como *diámetro*

VOCABULARIO

bibliotecario, bibliografía, bibliófilo
biólogo, bioquímico, biológico, biógeno, biosfera, biología
catálogo, catalejos, catafalco, cataclismo, catacumba
cinematógrafo, cineasta, cinestesia, cinematografía, cinegética
cosmopolita, cosmología, cosmosíntesis
criptógama, criptógamo, criptogamia, cripta
decámetro, década, decalitro, decamerón
democracia, democratizar, demócrata
diálogo, diagnóstico, diagrama, diálisis, diáfano, diagonal

DICCIONARIO

bibliófilo:	que ama los libros
biógeno:	que engendra vida
catacumba:	cementerio subterráneo con largas galerías
cinegética:	arte de cazar animales
cosmopolita:	ciudadano que conoce el mundo y no es localista
criptógama:	planta con los órganos sexuales ocultos
decamerón:	sucesos acaecidos en diez días
diagnóstico:	descubrir una enfermedad a través de los síntomas

EJERCICIOS PERSONALES

- 65.1. Explique el significado de los prefijos griegos seleccionados.

• 65.2. Busque y explique el significado de las palabras compuestas con estos prefijos y que no entienda.

• 65.3. Anote nuevas palabras utilizando los prefijos griegos presentados.

• 65.4. Explique el significado de estas otras palabras que ha anotado.

• 65.5. Escriba algunas frases, utilizando diversas palabras que contengan estos prefijos. Redacte, al menos, dos ejemplos para cada prefijo.

• 65.6. Atienda especialmente a la tilde de muchas de estas palabras y a la acentuación en su expresión oral.

DICTADO DE FRASES

— Durante décadas, los cristianos se refugiaron en catacumbas.
— Las bibliotecas han servido siempre de ayuda para la investigación.
— La naturaleza nos presenta su fuerza y su belleza en las cataratas.
— El aumento demográfico alcanza, a veces, cotas muy altas.
— ¿Recuerdan quién recibió el Decálogo o Tablas de la Ley?
— La bioquímica es una especialidad científica relativamente moderna.
— La cinematografía permite hacerse famosos a los actores que aparecen en la pantalla.
— París es una ciudad cosmopolita y moderna.
— Deseamos que nuestra democracia sea duradera y fuerte, al igual que en los principales países occidentales.
— Sólo consiguieron entenderse por medio del diálogo.
— ¿Sufriremos otro cataclismo que arrase nuevamente la ciudad?
— No siempre los diagnóstico son exactos.
— Divisamos a lo lejos, con el catalejo, una manada de búfalos.

TEMA 66

Prefijos griegos usuales. Número 3.

PREFIJOS GRIEGOS USUALES

dinam	significa *fuerza*	como *dinamismo*
em-en	significa *dentro*	como *embrión*
endo	significa *interno*	como *endogamia*
epi	significa *encima, junto a*	como *epígrafe*
eu	significa *bien, bueno*	como *eufónico*
exo	significa *fuera*	como *exótico*
fono	significa *sonido*	como *fonética*
foto	significa *luz*	como *fotocopia*
gastro	significa *estómago*	como *gastronomía*
geo	significa *tierra*	como *geometría*

VOCABULARIO

dinámico, dínamo, dinamómetro, dinamia
enciclopedia, empadronar, encíclica, encéfalo
endocardio, endocrinología, endotérmico, endocarpio
epitafio, epíteto, epidermis, epicentro, epílogo
eufonía, eufemismo, eugenesia
exósmosis, exocrino, exodermo
fonema, fónico, fonetista, fonometría, fonología, fonograma
gástrico, gastritis, gastrónomo, gastrointestinal
geólogo, geopolítica, geología, georama, geonomía

DICCIONARIO

dinámica:	leyes del movimiento en relación con las fuerzas que lo producen
embrión:	germen de un cuerpo
endocrinología:	estudio de las glándulas de secreción interna
epitafio:	sentencia o frase sobre una tumba
eufónico:	sonido que resulta bien o agradable
exótico:	extranjero, extraño, extravagante
fonema:	cualquiera de los sonidos simples del lenguaje
fotofobia:	aversión a la luz
gastroenteritis:	inflamación de la mucosa del estómago
geonomía:	estudio de las propiedades de la tierra vegetal

EJERCICIOS PERSONALES

• 66.1. Explique el significado de los prefijos griegos seleccionados.

• 66.2. Busque y explique el significado de las palabras compuestas con estos prefijos.

• 66.3. Anote nuevas palabras utilizando los prefijos griegos presentados.

• 66.4. Explique el significado de las palabras que ha anotado.

• 66.5. Escriba algunas frases, utilizando diversas palabras que contengan estos prefijos. Redacte, al menos, dos ejemplos para cada prefijo.

• 66.6. Atienda especialmente a la tilde de muchas de estas palabras y a la acentuación en su expresión oral.

DICTADO DE FRASES

— Los jóvenes mostramos, de continuo, nuestro dinamismo.
— Los epígrafes ayudan a realizar los diagramas que hemos de hacer para resumir los contenidos de este libro.
— Las islas del Caribe tienen fama de exóticas.
— Si no cuidas la alimentación, tendrás una gastritis.
— En el trópico se producen con frecuencia infecciones gastrointestinales.
— ¿Llegaremos a descubrir todas las incógnitas que, hasta ahora, tiene la endocrinología?
— Los terremotos son motivo de estudio para los geólogos.
— La fotografía es una afición y un arte que produce gran satisfacción a los que la practican.
— A los estudiantes se les recomienda que utilicen frecuentemente las enciclopedias.
— El jugo gástrico es necesario para la digestión.
— Le pusieron un epitafio muy eufónico en la tumba.
— Te ruego que me escribas el epílogo en mi nuevo libro.
— Mañana estudiaré los fonemas en el colegio.
— En la época de Herodes ya empadronaban a los ciudadanos.
— ¿Escribirá el Papa una nueva encíclica?

TEMA 67

Prefijos griegos usuales. Número 4.

PREFIJOS GRIEGOS USUALES

geronto	significa *viejo*	como *gerontología*
helio	significa *sol*	como *heliógrafo*
hemi	significa *medio*	como *hemisferio*
hidro	significa *agua*	como *hidrógeno*
hiper	significa *exceso, superioridad*	como *hipérbole*
hipo	significa *debajo, inferioridad*	como *hipotenso*
histo	significa *tejido*	como *histólogo*
homo	significa *parecido, igual*	como *homologar*
idio	significa *particular, propio*	como *idiosincrasia*
iso	significa *igual*	como *isósceles*

VOCABULARIO

gerontocracia, geronte
heliocéntrico, helioterapia, helio
hemiplejía, hemistiquio, hemiciclo
hidrocarburos, hidropatía, hidrofobia, hidrometría, hidráulico
hipertensión, hipermetría, hipertrofia, hipérbaton
hipocentro, hipofosfórico, hipocloroso, hipodérmico
histología, histógeno
homogéneo, homólogo, homónimo, homófono, homosexual
idioma, idiota, idiomático, idiotismo
isomorfo, isócrono, isótopo, isotónico

DICCIONARIO

geronte:	cada anciano del Senado de Lacedemonia
helio:	elemento químico descubierto inicialmente en el Sol
hemiplejía:	parálisis de medio lado del cuerpo
hidrosfera:	parte líquida de la Tierra. Los océanos
hipérbole:	figura literaria que consiste en aumentar o exagerar algo
hipófisis:	órgano de secreción interna en la base del cráneo
histólogo:	experto en los tejidos orgánicos
homónimo:	palabras de igual o semejante grafía, pero con significado diverso
idiosincrasia:	índole del temperamento o carácter de cada individuo
isósceles:	triángulo de dos lados iguales

EJERCICIOS PERSONALES

• 67.1. Explique el significado de los prefijos seleccionados.

• 67.2. Busque y explique el significado de las palabras compuestas con estos prefijos.

• 67.3. Anote nuevas palabras utilizando los prefijos griegos presentados.

• 67.4. Explique el significado de las palabras que ha anotado.

• 67.5. Escriba algunas frases, utilizando diversas palabras que contengan estos prefijos. Redacte, al menos, dos ejemplos para cada prefijo.

• 67.6. Atienda especialmente a la tilde de muchas de estas palabras y a la acentuación en su expresión oral.

DICTADO DE FRASES

— Nosotros no tenemos tendencia a la hidrofobia, por estar familiarizados con las canalizaciones hidráulicas.
— Cada región y hasta cada comarca tienen una idiosincrasia característica.
— Se estaba produciendo un movimiento homogéneo.
— Los niños aprendieron la característica del triángulo isósceles.
— ¿Conseguirá homologar los precios de los hidrocarburos?
— Este paciente hipotenso necesita una inyección hipodérmica.
— Los estudiantes de la Facultad de Medicina escuchaban las explicaciones del histólogo.
— La hipertensión puede producir fatales consecuencias.
— Para determinadas enfermedades es muy adecuada la helioterapia.
— Algunos versos pueden dividirse en dos hemistiquios.
— Existen países en los que la gerontocracia tiene mucha preponderancia.
— Modernamente se está desarrollando la medicina gerontológica, ya que cada vez hay mayor número de ancianos.
— Aplaudió su discurso una masa homogénea y entusiasta.
— Nosotros habitamos en el hemisferio sur de América y hablamos el mismo idioma castellano que en otras muchas naciones.

TEMA 68

Actividades de evaluación parcial. Número 10.

• 68.1. Construya palabras con los siguientes prefijos griegos, que ya conoce por los temas anteriores.

anti	*que significa contra*
antropo	*que significa hombre*
apo	*que significa fuera o lejos*
arqui	*que significa preeminencia*
auto	*que significa por sí mismo*

• 68.2. Copie las siguientes frases que contienen alguna palabra con prefijo griego.

— Padece una fuerte anemia por desnutrición.
— Hacía acrobacias en un circo ambulante.
— Resulta bastante anacrónico revivir estos hábitos.
— Construiremos un anfiteatro al aire libre.
— Busca en el mapa las antípodas de nuestro país.
— Quiere estudiar antropología en la Sorbona.
— Había hecho una apología de sus virtudes.
— Viajaban por el archipiélago cercano a la costa.
— Tienen un estilo arquitectónico revolucionario.
— Caminaba como un autómata por el pasillo.

• 68.3. Explique el significado de las siguientes palabras.

bibliografía	*cripta*
bioquímica	*cromografía*
cataclismo	*década*
cinética	*demócrata*
cosmología	*diáfano*

• 68.4. Anote las frases siguientes y observe los prefijos griegos usados.

— Preguntamos al bibliotecario sobre los libros.
— Era un afamado biólogo que tenía honrosas condecoraciones.
— Miraremos en el catálogo de la editorial.
— Luis Buñuel es uno de los más famosos cineastas mundiales.
— Tenía estudios de cosmología y astronomía.
— Trajimos unas muestras de plantas criptógamas.
— Querían medir la finca en decámetros.
— Entiende la democracia de forma muy peculiar.
— Todo está claro y diáfano para mí.

• 68.5. Construya frase con las siguientes palabras formadas con prefijos griegos.

dinámico	*encíclica*	*endogamia*
epitafio	*eufemismo*	*fonema*
fotogénico	*fotografía*	*fotograma*
gastritis	*geología*	*geopolítica*

• 68.6. Escriba las siguientes frases y cuide la ortografía de los vocablos formados con prefijos griegos.

— Estamos estudiando en física las leyes de la dinámica.
— Ha marchado a Salamanca para hacer la especialidad de endocrinología.
— Escribía frecuentemente a su novia y le dedicaba elogiosos epítetos.
— Estaba analizando los elementos fónicos del lenguaje.
— La fotosíntesis de las plantas ha sido un elemento fundamental en el proceso evolutivo de la vida.
— Recibirás una fotografía en la que están todos los implicados.
— El director de la película ha cuidado hasta el último fotograma.
— Tenía un defectuoso funcionamiento de los jugos gástricos.
— Es un experto en gastronomías peruana y chilena.
— Las conversaciones diplomáticas tenían implicaciones geopolíticas.

• 68.7. Explique el significado de las siguientes palabras compuestas con prefijos griegos.

gerontología	*hemisferio*
hidrofobia	*hipertrofia*
hipocentro	*histólogo*
homólogo	*homosexual*
idiomático	*isomorfo*

• 68.8. Copie las siguientes frases en las que hay vocablos formados con prefijos griegos.

— La gerontología es una ciencia médica muy en auge.
— Cada verso del Poema del Cid está dividido en dos hemistiquios.
— Era un tratamiento de hidroterapia bastante fatigoso.
— Esta inyección debe ponerse con aguja hipodérmica.
— El hipocentro del terremoto estaba a quinientas millas de la costa.
— Le hicieron una investigación histológica previa a la intervención quirúrgica.
— Sufrimos una confusión cuando convocamos a su homónimo.
— Permanecía en un movimiento homogéneo y acompasado.
— Quisiera dominar perfectamente el idioma inglés.
— No sabe distinguir los triángulos equilátero, isósceles y escaleno.

FRASES PARA EL DICTADO

Ejercicio 1

— Hemos conseguido superar el analfabetismo.
— El Partenón es la acrópolis de Atenas.
— Compraré un catalejo para ver bien la llegada de los barcos.

— Yo he escrito el diálogo de la versión teatral.
— El cinematógrafo fue un invento de los hermanos Lumière.
— Todos los ciudadanos deben estar empadronados.
— Fueron impresionantes los últimos fotogramas de la película.
— Hemos confeccionado una carta digna de los más expertos gastrónomos.
— Nosotros vivimos en el hemisferio sur, pero hemos viajado muchas veces al norte de la línea ecuatorial.
— Los hidrocarburos siguen la línea ascendente en los precios, con los consiguientes efectos en las economías.

Ejercicio 2

— Le aplicaremos un antídoto y esperaremos el resultado.
— Ahí donde lo ves, es un pintor autodidacto.
— Anota toda la bibliografía sobre la delincuencia.
— Todo se debe a trastornos biológicos insuperables.
— No había en el catálogo ningún objeto útil.
— Me pidió que le escribiera un epílogo al ensayo que iba a publicar.
— Todavía seguía utilizando la técnica del fotograbado artesanal.
— Ha llegado un geólogo experto en la detección de corrientes de agua subterráneas.
— Muchos parlamentos europeos tienen su salón de sesiones plenarias en forma de hemiciclo.

TEMA 69

Prácticas de evaluación global.

REPASO SOBRE LAS PRECEDENTES ACTIVIDADES DE EVALUACIÓN PARCIAL

• 69.1. Copie las siguientes frases y observe la utilización que se hace de la tilde.

— Preguntó que cuál de todos sería el seleccionado para representarnos.
— He escuchado el concierto en Si Bemol que compuso Chopin.
— Diga quién es el actual Director y por qué le han nombrado.
— ¡Quién pudiera hacer un viaje a Europa!
— Fui aplicado y sé todo lo que nos enseñó el maestro.
— Para qué tendrás que ir poniendo prohibiciones a todo.
— Ya me puedes ir diciendo qué opinas tú de él.
— Con la tila se puede hacer un agua aromática parecida al té.
— Es emocionante que un enamorado te diga: "Sólo pienso en ti".
— ¿Adónde fuiste anoche, que llegaste tan tarde?

• 69.2. Redacte frases con las siguientes palabras que contienen algún prefijo latino.

investir	*incontrovertido*	*infalible*	*indivisible*
deshonra	*expedir*	*deshojar*	*deshonesto*
inverosimilitud	*desheredar*	*inhábil*	*invencible*

• 69.3. Copie las siguientes frases y cuide el uso de la **b** en las palabras que deban llevarla.

— Es de vanidosos vanagloriarse de bravatas y disputas con bribones.
— Se resfrió porque recibió una bocanada de aire fresco.
— El vehemente conductor hacía correr a gran velocidad su vehículo.
— Como el tiempo está bonancible, bogaremos bastante.
— En las vacaciones de verano quedará vacante esta plaza.
— Con un boleto de tómbola ha recibido el premio de un balón.
— Deja la varilla en la vasija de barro y ven a beber de esto.
— Guarda este billete de autobús en el bolsillo y no lo pierdas.
— A los vecinos de la vega les está vedado visitarla.

• 69.4. Construya frases cortas y sencillas con las siguientes palabras que se escriben con **b** o con **v**.

benévolo	*bélico*	*valiente*	*besar*	*vega*	*bendecir*
valorar	*bestia*	*bellaco*	*vaquero*	*bermejo*	*vara*
vagar	*beodo*	*besugo*	*belleza*	*vagido*	*bicicleta*
vegetal	*validez*	*beneficio*	*biblioteca*	*bencina*	*vago*

• 69.5. Anote las siguientes frases y cuide el uso de la **b** y la **v**.

— Estaba en la biblioteca buscando un libro sobre las várices.
— El melocotón se cubre de un suave vello que le da un bello aspecto.
— Deja que el pan embeba la leche y, luego, me devuelves el tazón.
— Busco la forma de beber vino sin necesidad de vendimiarlo.
— La almeja es un molusco bivalvo, al igual que el mejillón.
— Les obsequiaron con una bolsa de variadas golosinas y bombones.
— Se desvivió en cuidarle durante la convalecencia.
— La bruma ocultaba los barcos y buques que navegaban por la costa.
— Llegaremos de nuevo en avión el octavo día del viaje.
— Te advierto que vivirías más libre, si trabajaras habitualmente.

• 69.6. Redacte frases con las siguientes palabras y utilice la **h** en los casos que sea necesaria.

hule	*arado*	*hemorragia*	*unívoco*	*hortelano*
exhortar	*hígado*	*umbral*	*orear*	*hacha*
hedor	*hermano*	*hortensia*	*humor*	*arcano*
alcohol	*hendidura*	*ajuar*	*heno*	*bohemia*

• 69.7. Copie las siguientes frases y cuide especialmente la ortografía de la **h**.

— En esta hamaca me recostaré a descansar.
— El toro le hirió gravemente en el hombro.
— Tu hermano no quiso hacernos la demostración.
— No debes sentirte cohibido en mi hogar.
— Me hospedo en un hotel confortable.
— Esa película está prohibida para menores de edad.

• 69.8. Escriba frases cortas con estas palabras que llevan **g** o **j**.

ojival	*dígito*	*deshoje*	*esfinge*	*ojeriza*	*empuje*
dirigible	*vejez*	*vergel*	*espejismo*	*vigía*	*ojera*
orgía	*original*	*vejiga*	*vestigio*	*dijiste*	*vergel*

• 69.9. Anote las siguientes frases y observe el uso de la **g** y la **j**.

— Todos los congregados se deshacían en elogios a la egregia efigie.
— Contrajo una deuda con el conserje del colegio.
— Los espartanos organizaron falanges para proteger su hegemonía.
— El niño está quejumbroso, porque perdió la cajita de los juegos.
— Tienes un lenguaje inteligible, pero farragoso.
— El forajido había envejecido, pero no perdió el coraje.

• 69.10. Construya frases con las siguientes palabras que se escriben con **c**, con **s**, con **x**, o con **z**.

colapso	*fénix*	*residencia*	*captar*	*reservar*	*exterior*
azufre	*nupcial*	*exterminar*	*holgazán*	*extenuar*	*posición*
flexión	*azúcar*	*hazaña*	*recesión*	*egipcio*	*capturar*
servicio	*selección*	*opción*	*azucena*	*horizonte*	*máxima*

• 69.11. Copie las siguientes frases y cuide la ortografía de la **s** y la **x**.

— El sexto expediente no ha sido suficiente para exasperar al magistrado.
— La selección de fútbol ha debido hacer una conexión de vuelos para llegar a tiempo al encuentro.
— Ha conseguido la exclusiva de un diseño textil muy original.
— Cuando la caza se ha extendido irreflexivamente, ha causado la extinción de determinadas especies.
— En un exceso de cólera, quiso estrangular a su exhausto contrincante.
— Desde que tuvo la intoxicación, su esplendidez y belleza han decaído, porque ha quedado muy extenuada.

• 69.12. Construya frases con las siguientes palabras que se escriben con **ll** o con **y**.

quilla	*pollo*	*abyecto*	*resuello*	*adyacente*	*proyectil*
rayo	*yugular*	*talla*	*ahuyentar*	*metralla*	*proyecto*
aboyar	*tallo*	*puya*	*toalla*	*yuxtaponer*	*batalla*
millón	*sayo*	*taller*	*soslayar*	*mollera*	*servilleta*

• 69.13. Construya frases en las que distinga claramente el significado de las siguientes parejas de vocablos homónimos.

ablando-hablando	*actitud-aptitud*	*bacilo-vacilo*
afición-afección	*aprender-aprehender*	*arrollo-arroyo*
asta-hasta	*avía-había*	*basto-vasto*

• 69.14. Le presentamos a continuación una serie de palabras homónimas para que elija la adecuada, al copiar las frases.

— Hoy no (contesto-contexto) a ninguna llamada telefónica.
— Estoy seguro que este piano no (cabe-cave) en mi casa.
— Las invasiones bárbaras llegaron a (desbastar-devastar) media Europa.
— Al fin se (calló-cayó), porque dejamos de escucharle y prestarle atención.
— Deben estar aburridos de (expiar-espiar) todo lo que hacemos al cabo del día.
— Siempre he (echo-hecho) lo que he querido con él.
— Creo que ya debe estar (hecha-echa) la comida.

FRASES PARA EL DICTADO

Ejercicio 1

— Echa un poquito más de canela en el arroz con leche.
— Hemos hecho todo lo posible por obsequiarle con un objeto de su agrado.
— Realmente es un extracto en el más estricto sentido.
— Era tan fuerte la borrasca, que decidieron desviar la ruta del trasatlántico para que no se marease el pasaje.
— Se hizo una fractura en la pierna cuando venía a cobrar la factura.
— El bailarín bailó el bolero con garbo y estilo.
— Echa más estaño en la unión, para que quede bien soldado.
— Al fin, él creyó que sólo pagaría la mitad por la radiografía.
— No debes errar al colocar los clavos de herrar los caballos.
— Intentan en vano hacer variar la dirección del vapor.

Ejercicio 2

— No hay cabida para este cántaro en esa oquedad.
— Han debido de botar en algún sitio las listas de los que debían votar.
— El convenio fue firmado legalmente y, ahora, no nos podemos desvincular de él sin afrontar las cláusulas penalizadoras.
— Había muchas calaveras dentro del casco de la carabela hundida.
— Durante la ceremonia de la boda, el insolente bohemio recibió una sonora bofetada.
— Han derribado todos los edificios, en un afán devastador increíble.
— Yo combino estos colores, según se convino con su padre las tonalidades de la habitación.
— Es cierto, aún estoy viendo la cara de sorpresa que puso.
— Baso este razonamiento en la forma del vaso campaniforme.
— El sistema de que gobernaran los validos no era válido para gobernar tan vasto imperio.

TEMA 70

Prefijos griegos usuales. Número 5.

PREFIJOS GRIEGOS USUALES

macro	significa *grande*	como *macrocéfalo*
mega-mégalo	significa *grande*	como *megáfono*
meso	significa *medio*	como *mesopotamia*
meta	significa *cambio, más allá*	como *metáfora*
micro	significa *pequeño*	como *microscopio*
mono	significa *uno, único*	como *monógamo*
pan	significado *todo*	como *panteísmo*
para	significa *junto, al lado de*	como *paradoja*
peri	significa *alrededor*	como *periferia*
poli	significa *varios*	como *polígono*

VOCABULARIO

macrocosmos, macroscópico, macropía
megalomanía, megalítico, mengalópodo
mesocarpio, mesocracia
metafísico, metamorfosis, metabolismo
micrófono, microbio, microsurco, micrografía
monolito, monocorde, monoteísmo, monomanía
pantomima, panteón, panamericano, pancromático
paraestatal, parámetro, paráfrasis, paralelismo
perímetro, pericarpio, perífrasis, peristilo, periscopio
polígamo, politécnico, polideportivo, polivalente

DICCIONARIO

macropía:	defecto de la vista que agranda los objetos
megalomanía:	afán de grandeza
mesopotamia:	en medio de dos ríos
metamorfosis:	que cambia de forma, se transforma
micrografía:	descripción de los objetos vistos al microscopio
monólogo:	soliloquio o fragmento en el que habla un solo personaje
pantomima:	representación mímica
paradoja:	juntar en una sentencia ideas contradictorias
peristilo:	columnata o jardín que rodea una edificación
polivalente:	que sirve para varias aplicaciones

EJERCICIOS

- 70.1. Explique el significado de los prefijos seleccionados.

- 70.2. Busque y explique el significado de las palabras compuesta con estos prefijos.

- 70.3. Anote nuevas palabras y use los prefijos griegos presentados.

- 70.4. Explique el significado de las palabras que ha anotado.

- 70.5. Escriba algunas frases, utilizando diversas palabras que contengan estos prefijos. Redacte, al menos, dos ejemplos para cada prefijo.

- 70.6. Atienda, especialmente, a la tilde de muchas de estas palabras y a la acentuación en su expresión oral.

DICTADO DE FRASES

— La metamorfosis de las ranas me mantuvo entretenido muchos días, porque se realizó de forma microscópica.

— Conminaron con un megáfono a los secuestradores y, a pesar de las amenazas, éstos no dejaron libres a los rehenes.

— En el fondo, todo resultó una enorme pantomima y nadie creyó esa uniformidad monolítica de los discursos.

— El día de los difuntos visitamos el panteón familiar, que está en la necrópolis de la capital.

— Resultó muy pesado aquel concierto, pues era algo monótono y monocorde.

— En nuestra visita a Atenas estuvimos paseando toda la tarde por el peristilo del Areópago.

— Los alumnos del politécnico preparan afanosamente el viaje de final de carrera.

— Con el microscopio pudo observar los leucocitos por la periferia.

— El polideportivo tiene instalado un sistema microfónico.

— Paseamos por la nueva carretera panamericana, comprobando la metamorfosis que había sufrido el paisaje.

— No llegó a ser una conversación dialogante; tan sólo fue un monólogo lleno de metáforas y perífrasis.

— Las grandes ciudades tienen en su perímetro extensas zonas con polígonos industriales de propiedad paraestatal.

— En la antigüedad muchos pueblos eran politeístas; pero había algunos que practicaban el monoteísmo.

TEMA 71

Prefijos y sufijos griegos usuales.

PREFIJOS Y SUFIJOS GRIEGOS USUALES

pro	significa *delante*	como *prólogo*
proto	significa *prioridad*	como *prototipo*
sim	significa *con*	como *simpatía*
tele	significa *distancia*	como *teléfono*
teo	significa *dios*	como *teología*
algia	significa *dolor*	como *neuralgia*
arquía	significa *mando*	como *monarquía*
atra	significa *que cuida*	como *pediatra*
céfalo	significa *cabeza*	como *dolicocéfalo*
ciclo	significa *circular con ruedas*	como *triciclo*

VOCABULARIO

programa, prótesis
protagonista, prototipo, protomártir
sintonía, síntesis, sintaxis, sinónimo, sincronizar
teletipo, telégrafo, telemetría
teólogo, teogonía, teocracia, politeísmo
gastralgia, cefalalgia, raquialgia, hepatalgia
anarquía, tetrarquía
psiquiatría, geriatra
encefalograma, encefalia, encefalítico, encefalología
bicicleta, hemiciclo, ciclomotor

(**Nota:** en latín existe el prefijo **pro** que significa *por*, como *proclamar*; y el prefijo **sin-sine** con el significado de negación, como *sinsabor*.)

DICCIONARIO

prótesis:	pieza que repara o ayuda a un órgano corporal
protohistoria:	período prehistórico del que no se poseen datos escritos
simpatía:	padecer con otro, sentir con él
telemetría:	medir a distancia
teogonía:	generación y nacimiento de dioses paganos
neuralgia:	dolor a lo largo de un nervio y sus ramificaciones
monarquía:	sistema en el que hay un rey a la cabeza del Estado
pediatra:	especialista en el cuidado de los niños

dolicocéfalo: forma oval del cráneo
hemiciclo: local en forma de medio círculo

EJERCICIOS PERSONALES

• 71.1. Explique el significado de los prefijos y sufijos griegos seleccionados.

• 71.2. Busque y explique el significado de las palabras compuestas con estos prefijos y sufijos.

• 71.3. Anote nuevas palabras utilizando los prefijos y sufijos presentados.

• 71.4. Explique el significado de estas otras palabras que ha anotado.

• 71.5. Escriba algunas frases, utilizando diversas palabras que contengan estos prefijos y sufijos. Redacte, al menos, dos ejemplos para cada prefijo y sufijo.

• 71.6. Atienda especialmente a la tilde de muchas de estas palabras y a la acentuación en su expresión oral.

DICTADO DE FRASES

— El protagonista de la obra será un hombre joven y simpático.
— Me llamó por teléfono para sincronizar nuestros relojes.
— El pediatra le aconsejó pasear al aire libre para calmar su neuralgia.
— Este programa de televisión traerá como invitado a un teólogo, para que hable de los protomártires de la Iglesia.
— Supimos la noticia por medio del telégrafo y, enseguida, se extendió por todo el hemiciclo.
— La monarquía es una de las formas más antiguas de gobierno.
— Cuando se cayó de la bicicleta, le tuvieron que hacer un encefalograma.
— Nadie se explica la causa de tan persistente cefalalgia.
— Los programas culturales de la televisión deben ser más originales y entretenidos.
— Son muy pocos los dolicocéfalos que quedan por el mundo.
— Aquel enfermo piensa que el psiquiatra está mucho más loco que él.
— Es muy difícil que, por telemetría, podamos establecer un prototipo fidedigno.
— No puedo sintonizar esa emisora, porque llega una señal muy débil y las condiciones atmosféricas nos son adversas.
— Mi abuelo es muy aficionado a leer las teogonías de las antiguas culturas de Mesopotamia.

TEMA 72

Sufijos griegos más usuales. Número 1.

SUFIJOS GRIEGOS MÁS USUALES

cracia es *poder,* como autocracia, democracia, teocracia
dromo es *carrera,* como hipódromo, canódromo
fago es *comer,* como esófago, fagocito, antropófago
filo es *simpatizante,* como bibliófilo, cinéfilo, germanófilo
fobia es *miedo, odio,* como claustrofobia, hidrofobia, nictofobia
fonía es *transmisión,* como telefonía, radiofonía, megafonía
gamia es *matrimonio,* como endogamia, poligamia, monogamia
geno es *que engendra,* como oxígeno, hidrógeno
grafo es *escribir,* como biógrafo, bolígrafo, autógrafo
itis es *inflamación,* como otitis, laringitis, colitis, gastritis
ivoro es *comer,* como carnívoro, herbívoro, omnívoro
logo es *que estudia,* como filólogo, teólogo, antropólogo
logía es *tratado,* como filología, teología, antropología
lito es *piedra,* como megalito, litografía, paleolítico

DICCIONARIO

autocracia: gobierno absolutista de un solo hombre
fagocito: elemento en la sangre que destruye las bacterias nocivas
cinéfilo: que le gusta y es aficionado al cine
claustrofobia: miedo a estar en espacios cerrados
endogamia: casamiento entre miembros del mismo grupo o familia
hidrógeno: combinado con el oxígeno, forma agua
autógrafo: escrito por uno mismo
otitis: inflamación del oído
omnívoro: que come de todo
podólogo: que trata o cuida los pies
teología: ciencia o tratado sobre Dios
paleolítico: período prehistórico en que se usaba la piedra tallada

EJERCICIOS PERSONALES

- 72.1. Explique el significado de los sufijos griegos seleccionados.

- 72.2. Busque y explique el significado de las palabras compuestas con estos sufijos y que no entienda.

• 72.3. Anote nuevas palabras utilizando los sufijos griegos presentados.

• 72.4. Explique el significado de estas otras palabras que ha anotado.

• 72.5. Escriba algunas frases, utilizando diversas palabras que contengan estos sufijos. Redacte, al menos, dos ejemplos para cada sufijo.

• 72.6. Atienda especialmente a la tilde de muchas de estas palabras y a la acentuación en su expresión oral.

DICTADO DE FRASES

— Vivían en una teocracia, pero no tenían ningún teólogo.
— En algunos países se practica la poligamia, porque lo permiten los principios teológicos y filosóficos de su religión islámica.
— No nos gusta la autocracia; preferimos la democracia.
— Las litografías nos han servido para difundir los conocimientos, pues fue una técnica de imprimir muy generalizada.
— Llevamos al niño al canódromo y regresó con otitis, por el frío que pasó.
— Una parte de nuestro organismo es el esófago, por donde pasan los alimentos.
— Tuvo que firmar el autógrafo con un bolígrafo que le prestamos.
— El agua se compone de oxígeno e hidrógeno.
— El antropólogo se comunicaba con nosotros por un sistema de megafonía.
— Aquel profesor de filología que tuvimos era un gran bibliófilo.
— Encontramos un libro antiguo con las biografías de los filósofos medievales más importantes.
— Una expedición de antropólogos están haciendo una investigación sobre ciertos pueblos antropófagos de la cuenca del Amazonas.
— Dice el periódico que han descubierto un megalito del Neolítico en un lugar insospechado.
— Aunque los antropófagos son fundamentalmente carnívoros, también son herbívoros porque comen plantas.
— Si hablamos de escritores anglófilos, no podemos dejar de citar al argentino Jorge Luis Borges.
— Comió tanto, que luego estuvo padeciendo una tremenda colitis.

TEMA 73

Sufijos griegos más usuales. Número 2.

SUFIJOS GRIEGOS MÁS USUALES

mancia es *adivinación,* como cartomancia, quiromancia
manía es *pasión,* como melomanía, monomanía, cleptomanía
metro es *medir,* como termómetro, barómetro
oide es *parecido,* como ovoide, metaloide, humanoide
patía es *padecimiento,* como neuropatía, cardiopatía, simpatía
podo es *pie,* como podólogo, miriápodo, macrópodo
polis es *ciudad,* como necrópolis, metrópolis, acrópolis
ptero es *ala,* como helicóptero
scopio es *observar,* como telescopio, microscopio
sofía es *sabiduría,* como filosofía, teosofía
teca es *armario,* como hemeroteca, discoteca, biblioteca
tecnia es *ciencia,* como electrotecnia, sicotecnia
terapia es *tratamiento,* como sicoterapia, radioterapia
tomía es *corte,* como anatomía, traqueotomía
tipia es *impresión,* como linotipia, monotipia

DICCIONARIO

cartomancia: adivinación interpretando los naipes
cleptomanía: propensión enfermiza al hurto
ovoide: con forma parecida a un huevo
miríapodo: animales que tienen articulaciones con varios pares de patas
necrópolis: cementerios o lugares de enterramiento
filosofía: ciencia que estudia y le atrae la sabiduría
hemeroteca: lugar en el que se guardan periódicos
sicotecnia: métodos para estudiar científicamente la mente
linotipia: palabras con las que se pueden realizar impresiones en las artes gráficas

EJERCICIOS PERSONALES

• 73.1. Explique el significado de los sufijos griegos seleccionados.

• 73.2. Busque y explique el significado de las palabras compuestas con estos sufijos y que no entienda.

• 73.3. Anote nuevas palabras y use los sufijos griegos presentados.

• 73.4. Explique el significado de estas otras palabras que ha anotado.

• 73.5. Escriba algunas frases, utilizando diversas palabras que contengan estos sufijos. Redacte, al menos, dos ejemplos para cada sufijo.

• 73.6. Atienda especialmente a la tilde de muchas de estas palabras y a la acentuación en su expresión oral.

DICTADO DE FRASES

— Algunos creen en lo que les predice la cartomancia, pero a mí me produce gran diversión.
— Comprobé con el termómetro que la temperatura le había aumentado, a pesar de la terapia utilizada.
— Las recomendaciones del podólogo fueron muy útiles y conseguí descanso para mis maltrechos pies.
— La asignatura que más me gusta, de los estudios de medicina, es la anatomía.
— Desearíamos encontrar un miriápodo para entretenernos en contarle las patas y ver si es cierto eso de llamarle ciempiés.
— Como consecuencia del accidente, hubo que practicarle la traqueotomía.
— ¿Es posible que los humanoides, si existen, sean cleptómanos?
— Aquella tarde que estuve en la discoteca me resultó muy agradable.
— Pronto conseguiremos dar mayor difusión a la sicoterapia.
— Se veían unas formas ovoides a través del microscopio.
— Para algunas formas de cardiopatía es imprescindible el uso de la quimioterapia.
— Fuimos al departamento de sicotecnia, para que nos ayudasen a elegir una profesión, adecuada a las destrezas y habilidades que cada uno tenemos.
— Lo que medía el barómetro no coincidía con las predicciones del meteorólogo.
— La meteorología estudia todos los fenómenos atmosféricos.
— El melómano puede escuchar música con gran fidelidad, gracias a los adelantos de la electrónica en la grabación y reproducción de sonidos.

TEMA 74

Actividades de evaluación parcial. Número 11.

• 74.1. Construya palabras con los siguientes prefijos griegos que ya conoce por los temas anteriores.

mono	*que significa uno o único*
pan	*que significa todo*
para	*que significa junto o al lado de*
peri	*que significa alrededor*
poli	*que significa varios*

• 74.2. Anote las frases siguientes y observe los prefijos griegos usados.

— Los monumentos funerarios megalíticos ya se usaban en la Prehistoria.
— Pocos monumentos han quedado de los grandes imperios mesopotámicos.
— «Las Metamorfosis» es una célebre e importante obra literaria del poeta latino Ovidio.
— Ha adquirido gran soltura al micrófono, especialmente haciendo entrevistas.
— El Cristianismo es la principal religión monoteísta de la historia humana.
— Los romanos construyeron el templo del Panteón para dar cabida en él a todos los dioses de las naciones conquistadas.
— Se ha constituido una empresa paraestatal para comercializar el último yacimiento descubierto.
— La paráfrasis consiste en repetir una idea con otras palabras, ampliándola o abreviándola.
— La paradoja es la unión en una frase de dos ideas en apariencia irreconciliables.
— La perífrasis es otra figura literaria en la que se intenta expresar una idea con muchas palabras.

• 74.3. Explique el significado de las siguientes palabras formadas con prefijos y sufijos griegos

prólogo
síntesis
teología
anarquía
encefalitis
prototipo
telegrama
gastralgia
siquiatra
triciclo

• 74.4. Escriba las siguientes frases en las que encontrará palabras formadas con prefijos y sufijos griegos.

— Ha sido un prólogo muy extenso, pero útil para comprender la obra.
— La Iglesia Católica da el título de protomártir a la primera víctima de las persecuciones.

— Quiere sincronizar los movimientos para que salga bien la parada militar.
— Con este suceso no ha dejado de funcionar el teletipo toda la madrugada.
— Los teólogos están discutiendo una cuestión delicada de moral práctica.
— Padezco una fuerte neuralgia y no consigo mitigarla con nada.
— En Europa existen, todavía, bastantes países con monarquías parlamentarias.
— El próximo Congreso Mundial de Siquiatras se celebrará en esta ciudad.
— Le ha aparecido un tumor muy peligroso en la masa encefálica.
— Salgo todos los días a dar un paseo en bicicleta para hacer ejercicio.

• 74.5. Construya frases con las siguientes palabras formadas con sufijos griegos.

hipódromo *hidrofogia* *otitis*
carnívoro *geólogo* *antropófago*
bibliófilo *megafonía* *anglófilo*
espeleología *democracia* *monolito*
endogamia *espectrógrafo* *patógeno*

• 74.6. Copie las siguientes frases que contienen palabras con sufijos griegos.

— Las dolencias de esófago son bastante molestas.
— Se presenta como un experto hispanófilo, porque ha publicado algunos estudios hispanistas.
— La telefonía es un importante sistema de ayuda en la navegación.
— Los países con creencias islámicas practican la poligamia.
— Practica la pesca submarina utilizando bombonas de oxígeno en las inmersiones.
— Era un grafólogo insigne, que valoraba la personalidad por los rasgos de la escritura.
— Se ha graduado como Licenciado en Filología Clásica.
— El Mesolítico es un período menos conocido que el Neolítico.
— Mi hija estuvo toda la tarde esperando conseguir un autógrafo de su ídolo.

• 74.7. Explique el significado de las siguientes palabras compuestas con sufijos griegos.

barómetro *melomanía*
simpatía *podólogo*
acrópolis *telescopio*
discoteca *sicotecnia*
anatomía *linotipia*

FRASES PARA EL DICTADO

Ejercicio 1

— Se ha inaugurado un monolito, como monumento conmemorativo de la primera expedición botánica de Mutis.
— Los juegos panamericanos de atletismo han tenido un éxito apoteósico.
— Todas las mañanas salgo a correr por el perímetro del recinto.
— Me han concedido el papel de protagonista en la próxima representación teatral.
— Estoy buscando todos los sinónimos de la palabra síntesis.
— Para los panteístas, todo es parte de un gran dios cosmológico.

— El termómetro marcaba una temperatura altísima.
— He visto una película sobre humanoides y extraterrestres.
— Necesita un tratamiento de sicoterapia intensiva.
— Las linotipias se usaban habitualmente para la confección de los periódicos.

Ejercicio 2

— No le agradaba la visita, pero hizo la pantomima de atenderlos amigablemente.
— Hay un acusado paralelismo entre esas dos situaciones.
— El periscopio del submarino estaba atorado, desafortunadamente.
— Habíamos sintonizado una emisora de Suecia con este pequeño aparato.
— Han descubierto unos sorprendentes tratamientos geriátricos.
— La televisión tiene contratados unos programas de divulgación geológica.
— El podólogo decidió enviar al paciente a un cirujano.
— Instalarán un telescopio gigantesco en la cumbre de esta montaña.
— El helicóptero sobrevoló la zona siniestrada.
— Necesitó buscar una revista del año pasado en la hemeroteca municipal.

TEMA 75

Prácticas de evaluación global.

REPASO SOBRE LAS PRECEDENTES ACTIVIDADES DE EVALUACIÓN PARCIAL

• 75.1. Redacte frases con las siguientes palabras que se escriben con **b** o con **v**.

convivir	*bombo*	*revolver*	*volcán*	*bravo*
bomba	*devolver*	*soberbia*	*vivienda*	*bárbara*
avivar	*imberbe*	*válvula*	*vibrar*	*vendaval*
bombón	*envolver*	*víbora*	*bóveda*	*barba*

• 75.2. Copie las siguientes frases y observe, especialmente, la utilización de la **b** y la **v**.

— Trabaja con peligrosos productos tóxicos y volátiles.
— La vaca es un animal herbívoro y el león es un animal carnívoro.
— No llegó a vislumbrar los motivos de tan inesperada visita.
— De los viñedos de esta villa se extrae un exquisito vino.
— El botánico aplicó un brebaje que portaba en una botella.
— Leí en una novela que el vigía estaba ojo avizor en su vigilancia.
— Estaba dibujando el bosquejo de unas bóvedas y su hijo se lo emborronó.
— El virrey y la virreina están viviendo verdaderamente las vicisitudes.
— Me gustaría conocer bien la diferencia entre violín, viola, violón y violoncelo.

• 75.3. Redacte frases con las siguientes palabras y observe que no todas llevan **h**.

hembra	*hebilla*	*preámbulo*	*haría*
estío	*ermita*	*hilvanar*	*coartada*
tahúr	*rehén*	*fehaciente*	*vehículo*
orificio	*ovoide*	*zaherir*	*desazón*
herir	*prohibir*	*dehesa*	*vehemencia*
vaho	*bahía*	*hogareño*	*higiene*

• 75.4. Anote las siguientes frases y cuide, especialmente, la ortografía de la **h**.

— La zanahoria es una hortaliza astringente.
— Quisiera adquirir ese hermoso caballo.
— Habitualmente veraneamos en la playa.
— Deja que se desahogue llorando un rato.
— Harán un homenaje al bienhechor del orfelinato.
— Tuve que prohibir la pesca submarina en la bahía.

• 75.5. Escriba frases cortas con estas palabras que llevan **g** o **j**.

germen	*cojinete*	*beligerante*	*paisajista*	*congeniar*
jefe	*congestión*	*berenjena*	*geranio*	*cojín*
pajizo	*bajeza*	*contagiar*	*cojera*	*gemido*

• 75.6. Anote las siguientes frases y observe el uso de la **g** y la **j**

— Estudió magisterio, pero no ejerce la carrera.
— El cajista es un oficio de las artes gráficas.
— Escoge un manuscrito con dibujos originales.
— Es privilegiada la situación de ese extranjero.
— Trabaja en unos apuntes de geometría para corregirlos.

• 75.7. Redacte frases con las siguientes palabras que se escriben con **c**, con **s**, con **z** o con **x**.

reflexionar	*gozo*	*sollozar*	*externo*	*civilización*
sociable	*socavar*	*izquierda*	*sencillo*	*máximo*
sección	*proximidad*	*silencio*	*jazmín*	*cocina*
extinguir	*carboncillo*	*lontananza*	*exportar*	*lodazal*

• 75.8. Copie las siguientes frases y cuide la ortografía de la **x** y la **s**.

— El esplendor de la mañana se expande por todas las extremidades del valle.
— La asfixia le impedía gritar para pedir auxilio.
— Había mucha expectación por descubrir el extraño objeto que había atravesado la estratosfera.
— Querían pedir la extradición con la excusa de una exorbitante estratagema.
— Las exequias del magnate hicieron aplazar la excursión.
— Tiene el gusto estragado, porque siempre viste de forma estrafalaria.

• 75.9. Escriba frases con las siguientes palabras y observe su ortografía.

consigna	*dignidad*	*ignominia*	*magnetismo*	*exceder*
viveza	*vivificar*	*vivero*	*vindicativo*	*agalla*
fugitivo	*gemelo*	*gelatina*	*vorágine*	*azabache*
horrendo	*horadar*	*horizonte*	*horóscopo*	*escollo*
bóveda	*bribón*	*brebaje*	*bravura*	*entereza*

• 75.10. Elija el homónimo adecuado en cada caso, al copiar las frases siguientes.

— Hemos encontrado una veta enorme de carbón de (huya-hulla)
— Tendré un grave (perjuicio-prejuicio) si no me compran la mercadería.
— Faltaba un trozo de (tubo-tuvo) para completar la tubería.
— Querían que yo (rebelase-revelase) tu secreto.
— Ayer (hizo-izo) bastante frío en toda la zona.
— Luego iremos (haber-a ver) el desfile de las carrozas.
— Han comenzado a (grabar-gravar) con impuestos los libros de texto.
— Tuvo una (actitud-aptitud) bastante displicente con nosotros.
— Le dejaremos comer hasta que se (arte-harte) de todo eso.
— Pinte la (valla-vaya) del color que más le guste.

• 75.11. Construya frases en las que distinga claramente el significado de las siguientes parejas de vocablos homónimos.

hurtar-untar	*embestir-investir*	*estío-hastío*
ojear-hojear	*extracto-estricto*	*habito-hábito*
silba-silva	*ratificar-rectificar*	*llama-yema*

FRASES PARA EL DICTADO

Ejercicio 1

— Buscaremos la intersección entre los puntos convergentes.
— Están ustedes en la sintonía de Radio Miramar.
— Se formó una extensa llamarada que cubría parte del terraplén.
— Había quedado bastante ovalado por la parte posterior.
— Huyeron de la habitación, al escuchar las sirenas de los carros.
— Hierve la comida desde hace dos horas, así que ya estará bien.
— El secreto que revelaron no tenía importancia.
— Rectificarán los errores de imprenta que aparecieron en la ley.
— Vetaron a los compromisarios que no ratificaron las actas.
— Tuvo un comportamiento extraño durante la facturación del paquete.

Ejercicio 2

— Es preciso que ratifiquéis esas declaraciones a la prensa.
— Se marchó horrorizado de lo que vio en el Museo de los Horrores.
— Harás mañana una síntesis de la película que verás esta noche.
— Salió como una exhalación de la casa cuando comenzó el terremoto.
— Ese es el significado en el más estricto sentido de la palabra.
— Ha rehusado acudir a la recepción por motivos ideológicos.
— Desechó la propuesta, porque ha rehecho su vida por otros caminos.
— Está buscando comprobaciones a la teoría de la deriva de los continentes.
— Compré unos objetos de artesanía que se descubrieron en unas excavaciones.
— De momento se está alojando en un hotel de la periferia.

SOLUCIONES A LOS EJERCICIOS DE EVALUACIÓN

• 5.1.

cin-tu-ra	*car-ne*	*en-ju-to*	*mon-je*
can-tan-te	*a-bri-rí-a*	*cui-da-do*	*cua-ren-ta*
mon-ta-ña	*hu-mil-dad*	*vein-te*	*es-co-pe-ta*
cam-pis-ta	*li-sia-do*	*cui-da-do*	*ma-dru-gar*
au-di-ción	*si-tio*	*com-ple-xión*	*mo-nu-men-to*

• 5.2.

sientes	*caries*	*suave*	*granja*
cuarto	*autoridad*	*viene*	*sueño*
ciudad	*aeroplano*	*airear*	*leo*
héroe	*rueda*	*caer*	*dientes*
mientras	*individuo*	*cuidado*	*sueño*
julio	*dalia*	*viudo*	*cuento*

• 5.3.

sien-tes	*ca-ries*	*sua-ve*	*gran-ja*
cuar-to	*au-to-ri-dad*	*vie-ne*	*sue-ño*
ciu-dad	*a-e-ro-pla-no*	*ai-rear*	*le-o*
hé-ro-e	*rue-da*	*ca-er*	*dien-tes*
mien-tras	*in-di-vi-duo*	*cui-da-do*	*sue-ño*
ju-lio	*da-lia*	*viu-do*	*cuen-to*

• 5.4.

cons-tru-i-do	*com-ple-men-to*	*sub-a-cuá-ti-co*	*trans-mi-sión*
su-pers-ti-cio-so	*in-ter-o-ce-á-ni-co*	*obs-truc-ción*	*con-tra-or-den*
com-pla-cien-te	*sub-di-vi-sión*	*so-bre-hi-la-do*	*óm-ni-bus*
trans-for-mar	*al-fom-bra-do*	*cons-pi-rar*	*in-te-rrup-ción*
per-se-ve-rar	*ex-o-ne-ra-do*	*som-ní-fe-ro*	*obs-truir*

• 5.5.

construido	*complemento*	*subacuático*	*transmisión*
supersticioso	*interoceánico*	*obstrucción*	*contraorden*
complaciente	*subdivisión*	*sobrehilado*	*ómnibus*
transformar	*alfombrado*	*conspirar*	*interrupción*
perseverar	*exonerado*	*somnífero*	*obstruir*

• 5.6.

construido	*complemento*	*supersticioso*	*contraorden*
complaciente	*sobrehilado*	*alfombrado*	*exonerado*

• 5.7.

Agudas:

cortó	*jabalí*	*maletín*	*rosal*	*partirá*

disimuló	*embajador*	*corazón*	*bambú*	

Llanas:

piedra	*estaría*	*cóndor*	*automóvil*	*arriba*
hábil	*hacías*	*frágil*	*hacen*	*cerrados*
ángel	*romperían*	*cráter*	*volvíais*	*traje*

Esdrújulas:

préstamo	*párvulo*	*árabe*	*análisis*

Sobreesdrújulas:

mándemelo	*devuélveselo*

- 5.8.

tambor	*pared*	*aritmética*	*rústico*	*pájaro*	*escritor*
balón	*cónyuge*	*azúcar*	*aromático*	*estorbarías*	*criticón*
pictórico	*reloj*	*débil*	*principal*	*hablaría*	*álbum*
rápido	*cabían*	*anóteseme*	*música*	*enviarían*	*cándido*

- 5.10.

navío	*correría*	*vuélvase*	*desafío*	*tranvía*	*maíz*
pastelería	*higiénico*	*corrían*	*afición*	*reunió*	*capicúa*
baúl	*avería*	*hincapié*	*minoría*	*caligrafía*	*diócesis*
volvería	*asociéis*	*camión*	*mayoría*	*periódico*	*todavía*

- 11.1.

vicerrector	*bibliófilo*	*contraorden*	*vuélvase*	*amabilísimo*
archipiélago	*retrovisor*	*pídaseme*	*subacuático*	*cinematógrafo*
semiagudo	*cuídelo*	*semicírculo*	*especialísimo*	*hermosísimos*
bicampeón	*inútilmente*	*mirándolos*	*subdivisión*	*somnífero*

- 11.3.

oírselo	*reducen*	*atenuaríamos*	*hinchársela*	*agrandaréis*	*molestaba*
demostraría	*multiplicarían*	*denegármelo*	*rebajasen*	*avanzarían*	*cédeselo*
modéralo	*mitigaban*	*dedúceme*	*rompérmelo*	*bébetelo*	*quitárselo*
conversaríamos		*menguar*	*perdurarían*		

- 11.4.

— Mañana haré el resumen de la lección.
— No sé si el regalo es para ti o para mí.
— Aquel delantero no sabía retener el balón.
— Sólo me dijo a mí un poquito más sobre el asunto.
— Si viene, te lo pasaremos a ti.
— Me gusta más el café que el té.
— Aun se comió un pastel más.
— Lo acumuló todo para sí.
— No me dé más hojas de papel por ahora.
— Se lo pedí, mas no me lo entregó.

• 11.5.

— ¿Adivinas por qué hemos venido hoy?
— Traje aquí mis apuntes porque no quería que los vieran.
— Me gustará averiguar el porqué de su intransigencia.
— ¿Por qué no vienes tú también?
— ¿Te has contrariado porque él tenía razón?
— No supe nunca el porqué de su negativa.
— No me acuesto, porque no tengo sueño.

• 11.7.

— ¡Cuánta gente ha venido hoy!
— ¿Cuáles estás dispuesto a comprar?
— Estaré con ustedes. ¡Cómo no!
— ¡Qué buena novela!
— Quién sabe dónde se ha metido.
— ¿Quién vino al encuentro?
— Decídase ya qué hacer.
— ¿Cuántos años hace de eso?
— ¡Qué barbaridad!
— Yo sabré cómo contestarle.

• 12.1.

croar	*reíd*	*oíasele*	*tendría*	*heroína*
laúd	*tráemelo*	*sonreír*	*creía*	*sonreía*
oído	*teólogo*	*altruista*	*sonreiría*	*huisteis*
destruía	*cae*	*búho*	*tío*	*perdiólo*

• 12.2.

riego	*anzuelo*	*auto*	*hueso*	*cuento*
encuentren	*boina*	*suéter*	*águila*	*peine*
persiana	*estiércol*	*tiempo*	*cielo*	*tiene*
viernes	*quiere*	*fuente*	*cuadro*	*huésped*

• 12.3.

reunión	*bien*	*traspié*	*tendréis*	*camión*
comió	*miráis*	*tenéis*	*reír*	*María*
puntapiés	*acción*	*envidiar*	*reunió*	*tranvía*
estudiar	*también*	*hincapié*	*freír*	*adición*

• 12.4.

— El cartero echó a correr del susto.
— María echó mucha mermelada a la tarta.
— Podremos salir a jugar cuando hayamos hecho los problemas.
— El ministro echó tierra al asunto.
— Había hecho una mesa para el pórtico.
— Si ganamos, será un hecho memorable.
— Se ha hecho famoso por sus declaraciones.
— A veces echo abono a las plantas del jardín.

- 12.5.

carril · *ásperamente* · *régimen* · *radiografía*
démosle · *lápiz* · *enaltecer* · *palta*
cocodrilo · *regímenes* · *tónica* · *carácter*
tomillo · *enfurecer* · *bébetelo* · *aspiradora*

- 12.6.

carril · *ásperamente* · *régimen* · *radiografía*
démosle · *lápiz* · *enaltecer* · *palta*
cocodrilo · *regímenes* · *tónica* · *carácter*
tomillo · *enfurecer* · *bébetelo* · *aspiradora*

- 12.7.

etimológico · *biográfico* · *química* · *tónica*
métrica · *enciclopédico* · *etimología* · *bisílaba*
semántica · *física* · *sinónimo* · *átona*
trisílaba · *antónimo* · *biografía* · *artículo*

- 12.8.

consolaría · *envuélvamelo* · *esperaríais* · *separásela* · *rómpaselo*
invítame · *anótanoslo* · *subiríamos* · *cargábamos* · *cántelo*
compraría · *amábamos* · *repásatelo* · *resolverían* · *cómetelo*
obsérvalo · *compáralo* · *oírmelo* · *remíteme* · *fuisteis*

- 12.9.

— Encontrarás más peces en el recodo del río.
— Entregará el documento si le pagas algo de más.
— Tu libro lo tiene él en el cajón.
— Es conveniente que dé el consentimiento.
— Tú serás el mejor en el concurso.
— Acumuló en sí todas las funciones de mi departamento.
— Tú y tu hermano habéis hecho más de lo necesario.
— A más de uno habrá que exigírsele más.
— Se dice que lo sé, mas no es cierto.
— Mi vestido es para mí, por más que porfíes.

- 12.10.

— ¿Te fuiste porque vino Florencio?
— ¿Por qué viniste tan temprano?
— No conozco la causa por que te envían.
— Te lo pido porque es necesario.
— Todos tenían su porqué para reaccionar así.
— No sé por qué queréis venir conmigo.
— Investigaremos el porqué de tales conclusiones.

- 12.11.

— ¡Qué gran película!

— Tú sabrás cómo pararle los pies.
— ¡Quién estuviera allí!
— ¿Cuándo llevaste el regalo?
— No sé ni cuándo llegaría.
— ¿Cuál corresponde enviar?
— ¡Adónde irá con este tiempo!
— ¿Qué estará esperando?

• 18.3.

— El Presidente de la Nación realizó la apertura oficial de la legislatura en la Cámara de Diputados.
— Cristóbal Colón salió del puerto de Palos el 3 de agosto para llevar a cabo la gesta del Descubrimiento.
— Tuvimos el honor de recibir en la Facultad de Ciencias a Su Alteza Real el príncipe durante su visita oficial a la Universidad Nacional.
— Se ha celebrado en el Museo Nacional de Bellas Artes una exposición antológica de la pintura cubista de Pablo Picasso.
— El Consejo de Ministros ha promulgado un decreto ley sobre la ampliación de la Enseñanza Primaria.

• 18.4.

ocho	VIII
ciento cuarenta y ocho	CXLVIII
treinta y cuatro	XXXIV
trescientos setenta y nueve	CCCLXXIX
cincuenta y nueve	LIX
quinientos noventa y nueve	DXCIX
setenta y ocho	LXXVIII
siete mil cuatrocientos cuatro	VIICDIV
noventa y tres	XCIII
nueve millones mil noventa	IXMXC

• 18.7.

Su Santidad	S.S.
Señores	Sres.
Remitente	Rte.
Por autorización	P.A.
profesor	prof.
Visto Bueno	Vº.Bº.
seguro servidor	s.s.
Su Excelencia	S.E.
afectísimo	afmo., affmo.
teléfono	tel., tfno.
Ilustrísimo	Ilmo.
Reverendísimo	Rvdmo.

• 18.8.

Noreste	NE.

Compañía Limitada	Cía. Ltda.
Suroeste	SO.
Doña	D.ª, Dña.
Vuestra Ilustrísima	V. Ilma.
postdata	P.D.
Doctor	Dr.
Descanse en paz	D.E.P.
licenciada	Lic.
Monseñor	Mons.
Muy Ilustre Señor	M.I.Sr.
por orden	P.O.

- 19.1.

pérfido	*mármol*	*kilómetro*	*anécdota*	*décimo*
América	*perfidia*	*cantero*	*cristal*	*ánfora*
mentís	*telégrafo*	*martillo*	*cátodo*	*barniz*
examen	*balcón*	*perfección*	*ánodo*	*magnánimo*

- 19.2.

botánica	*azúcar*	*capicúa*	*noria*	*paella*
azahar	*clavel*	*alcázar*	*ángel*	*almacén*
rueca	*cándida*	*profecía*	*zaguán*	*cámara*

- 19.4.

— Recordarás que en ese tema se te aconsejó lo contrario.
— Quiero comprar más café, porque sé que va a subir más otra vez.
— Yo ya me sé la lección de geografía.
— Reservé una parte del pastel para que él participe del festejo.
— Si quieres, podemos tomar el té ahora mismo de éste que traje.
— Me ha emocionado este recuerdo que has enviado para mí.
— Sólo sé que no sé nada, decía Sócrates, muy filosóficamente.

- 19.5.

— ¡Cómo dio muestras de valor!
— ¡Quién será capaz de solucionar este dilema!
— Pregunté que quién sabía las respuestas, y no contestó nadie.
— ¿Cuándo te dijo que sin ti no sería nada?
— ¿Cómo te encuentras hoy de la operación?
— Ya sabré cómo explicar que fui a ver el partido de fútbol.
— ¿Cuál sabe la contestación a esta pregunta?
— Supongo que yo fui el más afortunado.

- 19.8.

veinte	XX
sesenta y nueve	LXIX
doscientos cuatro	CCIV
dieciséis	XVI

cuarenta y cuatro	XLIV
seiscientos cuarenta	DCXL

- 19.9.

— Mañana haré el resumen de la lección.
— No sé si aquéllo es para usted o para mí.
— No me dé más hojas, pues sólo necesito ésta.
— Se lo pedí, mas no me lo dio.
— Aquel portero no debería retener el balón.

- 19.10.

— Tal vez haya venido el Inspector General.
— Pasamos la tarde en un bosque de hayas y álamos.
— Intenta ver si halla la solución al problema.
— ¿Usted cree que haya alguna solución?
— Cuando haya terminado, apague la luz.

- 19.11.

Fray	Fr.
Doctora	Dra.
Excelentísimo Señor	Excmo. Sr.
Sureste	SE.
postdata	P.D.
Visto Bueno	Vº Bº
Limitada	Ltda.
Su Excelencia	S.E.
Licenciado	Lic., Ldo.
Noroeste	NO.
Reverendo	Rvdo.
Ilustrísimo	Ilmo.

- 19.12.

ocho	octavo
treinta	trigésimo
quince	décimo quinto, decimoquinto
noventa y dos	nonagésimo segundo
seis	sexto
treinta y cinco	trigésimo segundo
doce	duodécimo
cien	centésimo
diez	décimo
cincuenta	quincuagésimo
diecisiete	décimo séptimo, decimoséptimo
cuatrocientos	cuadringentésimo
once	undécimo
ochenta y cinco	octogésimo quinto
veinte	vigésimo
quinientos	quingentésimo

• 28.1.

Agudas:

ra-íl	*bo-rrón*	*ba-úl*	*pie*	*ta-lón*
rep-til	*ja-guar*	*ma-íz*	*le-ón*	*ja-ba-lí*

Llanas:

e-xa-men	*mo-ho*	*már-tir*		
a-cen-tú-a	*ca-ba-llo*	*cui-da*	*cés-ped*	

Esdrújulas:

ce-tá-ce-o	*ví-bo-ra*			
		cán-di-da		

• 28.2.

clavel	*botín*	*cenit*	*apóstol*	*tiburón*
espuela	*arroz*	*pétalo*	*alquería*	*aldea*
iguana	*jerarquía*	*alhelí*	*tregua*	*ánfora*
elíxir	*páramo*	*guardia*	*antílope*	*alfiler*

• 28.4.

— Te lo diré, aunque no te agrade que diga eso de él.
— Después de tanto tiempo, se ha acostumbrado a vivir solo.
— Si no llueve, esta tarde iremos a tomar el té en tu casa.
— No dé crédito a esas palabras insidiosas y malintencionadas.
— Ya sé que se dicen muchas cosas en estos días.
— Cuando estabas echando más cemento, te advertí que no lo hicieras.

• 28.5.

— ¿Quién se fue esta mañana sin mi permiso?
— No sé ni cuánta gente vio el espectáculo por televisión.
— ¡Quién estuviera en ese concierto de músicos tan famosos!
— ¿Qué va a hacer si no ve una ocasión propicia desde entonces?
— ¡Cuándo podremos comprar un televisor en color!
— No te vi en el teatro Municipal. ¿Cuándo llegaste?
— No sabría cuál escoger entre tanta variedad interesante.

• 28.7.

— Mañana te podré revelar el motivo de mi partida.
— Puedes revelar el secreto a un buen amigo.
— Yo me rebelo siempre contra la injusticia.
— Tengo que revelar estas fotografías del viaje.
— Nunca se revelan los motivos de la intervención.
— En este comercio revelan bien los carretes de fotos.
— En la historia vemos cómo se rebeló el pueblo francés.
— Es muy díficil revelar los secretos más íntimos de uno.
— Si no se lo revelo a alguien, no me quedaré tranquilo.

• 28.8.

seis	sexto

uno	primero
diez	décimo
veinticuatro	vigésimo cuarto
trece	décimo tercero, decimotercero
nueve	noveno, nono
cinco	quinto
quince	décimo quinto, decimoquinto
veintisiete	vigésimo séptimo
doscientos	ducentésimo
veinte	vigésimo
tres	tercero
once	decimoprimero
ciento cuatro	centésimo cuarto
seiscientos	sexcentésimo

• 34.8.

— Murió ab intestato y, ahora, sus hijos están promoviendo una declaración de herederos.
— No consiguió el primer premio, pero le concedieron el accésit.
— Sería imposible cumplir ad pedem litterae la letra menuda de la ley.
— Estuvimos en el juzgado y nos dieron un requerimiento de hábeas corpus.
— Le robaron todo y le dejaron in albis, así que comenzará de nuevo.
— Eso es muy antiguo; son cosas de in illo tempore.
— Dicho así, inter nos, puedo asegurarte que es absolutamente cierto.
— Después de muchos oficios encontró su modus vivendi montando un restaurante.
— Ésta será la condición sine qua non para aceptar cualquier puesto en el Gobierno.
— El Papa dio la bendición urbi et orbe desde la Plaza de San Pedro.

• 35.1.

Agudas:
a-fi-ción *fe-liz* *hos-tal* *hos-pi-tal* *a-mis-tad*
in-clu-sión *gra-vi-ta-ción* *pol-vo-rón* *ho-tel* *ce-lo-fán* *integral*

Llanas:
hos-te-rí-a *tác-til* *a-fo-nía* *ár-bol* *cor-sa-rio*

Esdrújulas:
diá-fa-no *pi-ró-ma-no* *mé-du-la* *pa-tó-ge-no*
cán-ta-ro *e-léc-tri-co* *ci-ne-ma-tó-gra-fo* *bi-blió-fi-lo*

• 35.2.

fáciles	*países*	*peores*	*relojes*	*cafés*	*comunes*
bondades	*poesías*	*bastones*	*nueces*	*funciones*	*sofás*
lunes	*espíritus*	*aviones*	*regiones*	*berbiquíes*	*niveles*
románticos	*maniquíes*	*árboles*	*mármoles*	*leones*	*corceles*

• 35.4.

— ¿Cuántos miembros de la coral quieren venir de gira?
— Este té es importado, porque es una variedad japonesa que se llama té verde.

— Sólo te digo que no es conveniente que él vaya solo.
— Ya veremos dónde metemos todos estos libros de lingüística.
— Comentan que yo sé la opción decidida por el Rector.
— Dé esta foto de la casa de mi tío al arquitecto de la Fundación.
— Dime qué excusa dio para justificar su ausencia.
— Para este estudio se necesita aun más experiencia que la de él.
— No le envidio, porque recaerá sobre sí una ingente tarea de gobierno.
— ¿Cuándo debe volver a hacerse un nuevo chequeo médico?

• 35.5.

— Vamos a ver el desfile de modelos.
— Va a haber que comprar este mechero.
— Acércate a ver si viene tu hermano.
— Creo haber terminado el ejercicio.
— Este año vamos a ver una buena corrida de toros.
— Puede haber muchos espectadores hoy.
— Me gustaría ir a ver el partido.
— A ver si tienes suerte en la competición.
— Vete a ver si ya llegó el autobús.
— Tiene que haber un resto de retal.

• 35.8.

— Estuvo sobrehilando la falda después de cortarla.
— Se traía un extraño tejemaneje.
— Pusimos un contrapeso para equilibrar la balanza.
— Escribiremos un trabajo acerca de la Conquista de América.
— Compré un apartamento en el entresuelo de aquel edificio.
— Había un sinfín de ídolos en la cueva.
— Antenoche fuimos a ver un espectáculo alucinante.
— Mañana visitaré al Vicepresidente del Gobierno.
— En este paso a nivel no hay guardabarreras.
— Trae el limpiauñas que tengo en la bolsa de aseo.

• 35.11.

— Quisieron provocar una pelea para producir alboroto.
— Era imposible precaver todas las incidencias posibles.
— Da la impresión de ser un individuo prepotente que siempre quiere preponderar.
— Y ahora proceda a proclamar el vencedor de la prueba.
— No te arriesgues a hacer una predicción del tiempo demasiado comprometida.
— Le pusieron para que pudiera prevenir cualquier imprevisto.
— Tuvo en cuenta la precesión de los equinoccios que anticipa el inicio de las estaciones.
— Hizo una remodelación de toda la estructura para reducir costos.
— Entregó todas sus pertenencias para afrontar la deuda.
— Pretende poner una preposición que es innecesaria ahí.

• 35.13.

— Me han solicitado un currículum vitae para adjuntarlo a la solicitud.

— No creo posible hacer un casus belli de este contencioso.
— Cabe darle un ultimátum, para que reconsidere su postura.
— Era vox populi que bebía demasiado por las noches.
— Le pescaron in fraganti, porque no cabía por el agujero.
— Prepara un memorándum sobre las bebidas alcohólicas.
— No podemos llevar la subdivisión ad infinítum.
— Es el alma máter de todos los universitarios egresados.
— Habló mucho, pero de facto no ha dicho nada sustancioso.
— Sin que nadie le conminara, hizo unas declaraciones motu proprio.

• 41.3.

— Estaba perennemente a la puerta del club.
— Encontré un sinnúmero de dificultades.
— Era reacio a realizar innovaciones espectaculares.
— Salió milagrosamente indemne del accidente.
— Recibimos innumerables cartas de felicitación.
— Escucharás el himno en posición de firmes.

• 41.6.

exhibo, exhibes, exhibe, exhibimos, exhibís, exhiben
subía, subías, subía, subíamos, subíais, subían
inhibí, inhibiste, inhibió, inhibimos, inhibisteis, inhibieron
prohíba, prohíbas, prohíba, prohibamos, prohibáis, prohíban
percibiera o percibiese, percibieras o percibieses, percibiera o percibiese, percibiéramos o percibiésemos, percibierais o percibieseis, percibieran o percibiesen

• 42.1.

Agudas:
actriz tapón cicatriz barniz aprendiz cartón apretón

Llanas:
reírse genuino

Esdrújulas:
espléndido acérquese pésimo cántala oírmelo
friéselo démelo veníamos auténtico vuélvete

Sobreesdrújulas:
quítatelo

• 42.2.

Valparaíso	*León*	*Medellín*	*Ibague*	*Maracaibo*
Colombia	*París*	*Valdivia*	*Japón*	*Córdoba*
Moscú	*Potosí*	*México*	*Poopo*	*Huánuco*
Mérida	*Perú*	*Londres*	*Bogotá*	*Camerún*

• 42.4.

— Explíquenos quién fue el que le obligó a firmar la declaración.
— ¿Qué razonamientos hizo para defender su postura?

— Podrías conseguir más calificaciones, si estudiases más.
— ¿Dónde estarás esta tarde, si necesito localizarte?
— Sólo acudieron cuatro personas, según él me dijo.
— ¿Dónde encontraste ese fragmento literario tan interesante?
— No sé lo que va a hacer el Director del Museo Arqueológico.
— El gato se relamió de gusto con las sardinas que se encontró.

• 42.5.

— De aquí a Montevideo hay mucha distancia.
— Ahí está el problema.
— En el valle hay un gran río.
— El golpe que se dio, le hizo exclamar: ¡ay!
— En la empresa hay cincuenta obreros.
— Se le escapó un ¡ay! de tristeza.
— Hay mucha temperatura en esta habitación.

• 42.7.

— Tenía ya de antemano preparada la respuesta.
— Estaba sobrecogido por la noticia que sobresaltó a toda la población.
— Recibiré a quienquiera que lo solicite.
— Encontramos una serie de piedras colocadas en semicírculo.
— Asistimos a la fiesta de una quinceañera.
— El quitamanchas no le dio buen resultado.
— Le pusieron sobresaliente en las calificaciones trimestrales.

• 42.9.

— Durante la Prehistoria se produjo la evolución de los homínidos.
— Si lo hubiera hecho premeditadamente, tendría una condena mayor.
— En este tejido predomina demasiado el rojo.
— No debes hacer prejuicios sin conocer antes las circunstancias.
— Está preocupado por no poder atender a todos los compromisos.
— Cree en la preexistencia anterior y afirma haber sido antes jaguar.
— Hablaremos hoy del pronombre y, si hay tiempo, de la preposición.
— Es imposible prefijar la fecha con tanto tiempo de anticipación.
— Conviene hacer preceder en el programa un breve prólogo como prolegómeno introductorio.

• 42.11.

— Hace tiempo que no me sentaba junto a la lumbre.
— Hemos ampliado el aula, para que quepan más alumnos.
— Cambia de sitio este paño limpio.
— Si cambias el color de las columnas, parecerá un ambiente nuevo.
— Es imposible romper la techumbre, a no ser por un derrumbamiento.
— Sembraremos trigo en este campo tan amplio y espacioso.
— Le dio un calambre en la pierna y, al caer, se rompió el hombro.
— El ómnibus está completo y listo para salir.
— Es un compás de espera mientras empieza el himno.

- 50.1.

liquidar	*múltiples*	*médano*	*líder*	*batería*
cacique	*según*	*club*	*mirándolos*	*túnel*
sígueme	*vagón*	*animación*	*mitin*	*satélite*
cansino	*bombón*	*raíl*	*guerra*	*cristal*

- 50.2.

Paraná	*Rancagua*	*Asunción*	*Ayacucho*	*Yucatán*
Michoacán	*Junín*	*Veracruz*	*Montevideo*	*Bélgica*
Iquitos	*Brasil*	*Tacna*	*Huánuco*	*Panamá*
Nápoles	*Patagonia*	*Canadá*	*Bahía Blanca*	*Huaras*

- 50.3.

— ¿Cuál es el responsable de esta sección del Ministerio de Trabajo?
— Pregúntele cuántos años tenía cuando fue Fiscal General.
— Yo sé que no me darías estos disgustos si me quisieras realmente.
— ¿Dónde habrá un repuesto para reparar este motor?
— Como has visto, sólo él pudo hacerlo solo.
— El Ministro de Educación Nacional dijo que sí al proyecto.
— En esa casa sé que se venden huevos frescos de campo.
— ¿Qué tendrá el agua cuando la bendicen?
— Yo tengo entendido que él te escribió ayer mismo.

- 50.5.

— Antenoche visitamos a los abuelos en su aniversario.
— Llegó a medianoche y con un gran cansancio.
— Lo hizo todo en un santiamén y se marchó a casa.
— Tenía que comprar la entretela para hacer las hombreras.
— No encontraba el sacacorchos para abrir la botella.
— En el Evangelio se habla de los bienaventurados.
— El quehacer diario es muy monótono.
— Te tienes que sobreponer ante los infortunios.
— Vino un guardacostas a socorrernos durante la borrasca.

- 57.1.

lágrimas	*tácitamente*	*cronómetro*	*libérrimo*	*trivial*
melancólico	*adiós*	*magnánimo*	*alegría*	*proyectil*
inequívoco	*platónico*	*intrépido*	*beldad*	*acérrimo*
antiquísimo	*misérrimo*	*amabilidad*	*categórico*	*laudable*

- 57.2.

Falcón	*Popayán*	*Maiquetía*	*Manizales*	*Tarapacá*
Cúcuta	*Aconcagua*	*Antártida*	*Chiloé*	*Atlántico*
Chañaral	*Haití*	*Guayaquil*	*Cantábrico*	*Cautín*
América	*Bogotá*	*Zulia*	*Guayas*	*Bahoruco*

• 57.3.

— ¿Quién le contó los pies al ciempiés?
— El concierto éste lleva un solo de violín que sólo yo sé tocar.
— ¿Dónde metiste el destornillador nuevo?
— Esperemos que el Superintendente dé el presupuesto necesario.
— Estos autobuses son más modernos que aquéllos.
— El sí es la última nota de la escala musical.
— ¡Qué interés tienes en ver esa película tan terrorífica!
— Conteste qué es lo que más le interesa de esta exposición.

• 63.13.

— Oí un lobo que no dejaba de aullar en la montaña.
— Iré hoy, porque no pude acudir ayer a su llamada.
— El ladrón se quiso untar de betún, para que no le descubrieran.
— Cuando hierva el agua, retira el recipiente del fuego.
— Mandaré cortar la hierba, si necesito usar el césped.
— Leí que habían derogado la ley sobre importaciones.
— Protesto enérgicamente por aducir ese pretexto en mi contra.
— Cuida bien el disco, pues no se debe rayar.
— Me lo contó todo, porque él sabía lo que pasó.
— Recitarás la silva a la Agricultura de la Zona Tórrida.

• 69.14.

— Hoy no contesto a ninguna llamada telefónica.
— Estoy seguro de que este piano no cabe en mi casa.
— Las invasiones bárbaras llegaron a devastar media Europa.
— Al fin se calló, porque dejamos de escucharle y prestarle atención.
— Deben de estar aburridos de espiar todo lo que hacemos al cabo del día.
— Siempre he hecho lo que he querido con él.
— Creo que ya debe estar hecha la comida.

• 75.10.

— Hemos encontrado una veta enorme de carbón de hulla.
— Tendré un grave perjuicio si no me compran la mercadería.
— Faltaba un trozo de tubo para completar la tubería.
— Querían que yo revelase tu secreto.
— Ayer hizo bastante frío en toda la zona.
— Luego iremos a ver el desfile de las carrozas.
— Han comenzado a gravar con impuestos los libros de texto.
— Tuvo una actitud bastante displicente con nosotros.
— Le dejaremos comer hasta que se harte de todo eso.
— Pinte la valla del color que más le guste.

Índice

Esta obra se terminó de imprimir en el mes de junio de 1996,
en los talleres gráficos de Printer Colombiana S.A.
Calle 64 No. 88A-30
Santafé de Bogotá, D.C. - Colombia